영화로운 세계

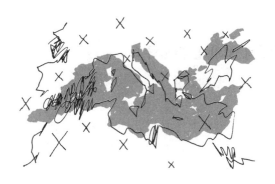

어쩌면 당신의
이야기일지도 모른다

영화로운
세계

임주리 지음

넥스토

세상에 '남의 일'은 없다

동네 아주머니들이 집에 모이는 날에는 신이 났다. 외
판원 아저씨가 오는 날인 게 분명했다. 세계 명작동화 전집
따위를 펼쳐놓고 겨드랑이가 흥건히 젖은 채 비말을 서 말
튀기며 열변을 토하던 아저씨들. 뿌듯한 표정으로 집을 나
서던 그들의 시큼한 냄새가 흩어질 때쯤, 책들이 한 아름 도
착했다. 크게 좋아하는 것도 잘하는 것도 없던 어린 내가 활
자에 빠져든 건 그 시큼한 발자국 때문이었다.

그중 제일은 역사 전집이었다. 수양대군이 조카를 죽이
는 장면은 매번 섬뜩했고, 영조가 뒤주에 아들인 사도세자
를 가둘 때엔 가슴이 아려왔다. 공통점이라면 그 모든 이야
기가 밤을 새워 읽을 만큼 흥미로웠단 사실이다. 나는 역사

전집을 달달 외울 만큼 읽고 또 읽었다. 시험에 나오지 않는 게 아까울 정도였다. 그 대신 나의 책 읽기가 빛을 발한 순간은 TV 앞에서였다. 나는 사극 드라마를 보는 엄마와 아빠 옆에 쪼그려 앉아 아는 걸 죄다 쫑알쫑알 떠들어대는 아이였다. 말하자면, 대단히 시끄러운 스포일러였다.

"이성계는 곧 돌아온다니까? 그걸 '위화도 회군'이라고 하는 거야."

"엄마, 저 사람 이제 큰일 났어. 연산군이 자기 엄마(폐비 윤씨)한테 사약을 전달했다는 이유로 벌을 주거든. 이름이 뭐였더라…. 아 맞다, 이세좌!"

엄마와 아빠는 짐짓 아무것도 모르는 척 그다음, 그다음을 계속 물었다. '전집에 돈을 쓰기 잘했군.' 알뜰살뜰 천 원도 허투루 쓰지 않던 젊은 부부의 고단한 저녁은 조그만 입을 쉴 새 없이 놀리던 방해꾼 덕에 충만했을 것이라고, 요즘도 가끔 생각한다.

대학에 입학해선 책보다 영화를 많이 봤다. 그렇다고 영화사를 깊이 탐닉하는 시네필은 되지 못했다. 내겐 뜨겁게 우울한 날들을 식혀줄 영화가 필요했다. 스무 살의 우울함은 대개 연애에서 비롯됐다. 나는 온갖 멜로와 로맨틱 코미디(로코) 영화를 샅샅이 찾아서 봤다. 소개팅한 상대와, 그

럭저럭 친했던 친구와, 때로는 혼자서 극장을 닳도록 드나
들었다. 세상의 모든 영화가 로맨틱 코미디가 아닌 것이 슬
플 지경이었다. 운이 좋았다면 내가 20대를 보낸 2000년대
가 한국 '웰메이드 영화'의 황금기였단 것일까. 하릴없이 극
장에 가면 박찬욱 감독의 〈올드보이〉, 봉준호 감독의 〈살인
의 추억〉, 이창동 감독의 〈오아시스〉 같은 영화들이 걸려 있
었다. 영화 보기 좋은 시절이었다.

　이런저런 방황을 거쳐 언론사 입사 시험을 준비하면서
는 문화부 기자를 목표로 삼았다. 영화 전문 기자가 되고 싶
은 마음은 아니었다. 대중문화 전반을 다루는 글을 쓰고 싶
었다. 역시 운이 좋았던 덕에 초년병 시절 덜컥, 문화부에 발
령이 났지만 곧 슬럼프에 빠졌다. 내가 잘하고 있는 것인지
끊임없이 회의감이 들었다. 그즈음 영화팀으로 가게 됐다.

　영화의 세계는 과연 깊고도 넓었다. 유려한 기사를 쓰
고 싶었지만 '로코 내공' 따위로는 어림도 없었다. 일단 영화
를 많이 봐야 했다. 닥치는 대로 봤다. 발을 들이고 보니 이
럴 수가, 세상에는 규모가 작아도 울림이 큰 영화들이 정말,
정말 많았다. 어두컴컴하고 작은 극장에서 무심히 앉아 있
는 관객 서너 명을 앞에 두고 펼쳐지던 이야기들. 아무도 주
목하지 않아 1주일 정도 걸려 있다 막을 내리는 영화들 속

에서 보석을 발견하면 가슴이 뛰었다. 찜찜하고 의뭉스러운 결말에 뒤통수를 맞을 때도 많았지만, 음미하다 보면 그것마저 달콤쌉싸름한 게 꽤 괜찮았다. 오래 머금고 있어서인가, 삶의 피로 한가운데서 나를 위로하기 위해 닥쳐오는 장면들은 제목도 가물가물한 그런 영화들의 한 조각일 때가 많았다.

나는 왜 그렇게 영화를 좋아했을까.

단 두 시간, 어두운 극장 의자에 앉아 지긋지긋한 나를 벗어나 좋았다. 그 순간만큼은 내 문제를 잊을 수 있어 좋았다. 완벽히 남에게 몰입해 그 사람이 되는 시간이 좋았다. 종국에는 이야기의 끝에서 주인공의 안에 고인 것을 내 것으로 한 움큼 가져올 수 있어 좋았다. 그 한 움큼으로 우울을 가라앉히고, 눈물을 닦고, 다시 한 번 해보자고 나를 다독일 수 있었다. 그 한 움큼 덕분에 많은 날의 슬픔을 흘려보냈다.

역사책을 다시 집어 든 것은 국제부에 오면서였다. 한국이란 좁은 땅을 벗어나 세계정세를 다루는 기사를 쓰는 건 무척이나 즐거운 일이었다. 매일 국제뉴스를 쓰다 보면 종종 이런 마음이 들기도 했다. '세상에 이렇게나 중요한 일이 많은데 우리가 여기서 이러고 있을 때가 아닙니다, 여러분!' 짧은 기사를 내보내고 나면 그 뒷이야기가 늘 궁금했다.

미국하고 이란이 다툰다는 기사를 쓴 후에는 두 나라가 왜 이렇게까지 앙숙이 된 건지 알고 싶었다. 쿠르드족이 핍박받는다는 기사를 송고한 후엔 튀르키예(터키)가 쿠르드족을 왜 그리 못 잡아먹어 안달인지 궁금했다. 퇴근하면 맥주 한 캔을 따고선 역사책을 읽기 시작했다.

국제뉴스에 흠뻑 빠져들어 살다 보니, 언젠가부터는 뉴스를 볼 때마다 영화들이 불쑥불쑥 떠올랐다. 작고 깜깜한 극장 의자에서 보낸 수많은 날이 소환됐다. '아, 이란 얘기면 그 영화가 재밌겠는데.' '브라질을 제대로 알려면 역시 그 드라마지.'

그렇게 시작한 칼럼이 《영화로운 세계》였다.

영화 이야기로 시작해 세계정세를 전하는 칼럼에 독자들은 큰 응원을 보내왔다. 영화 속 주인공에 감정을 이입하다 보면 딱딱한 뉴스도 쉽게 읽힌다는 댓글과 메일이 날아들었다. 주말까지 헌납해 기사를 쓴 일이 헛되지 않았다. 그 응원 덕분에 한 고등학교에선 내 칼럼이 세계사 부교재로 쓰였고, 대학에서 특강 요청을 받기도 했다. 퇴근길 라디오에 출연해 영화를 곁들인 국제뉴스를 전하기도 했다. 넘치는 사랑을 받은 덕에 나는 이 칼럼을 2018년부터 2023년 상반기까지 3개 시즌에 걸쳐 연재할 수 있었다. 그 모든 일이 쌓이고 모여 이 책이 됐다.

　먼 나라에서 벌어지는 전쟁이 밥상 물가를 좌지우지하는 시대다. 미국과 중국의 다툼에 우리 주식시장이 요동친다. 유럽연합EU의 환경 정책이 당장 내가 다니는 회사의 올해 목표에 영향을 미칠 수 있다. 무엇보다 우리는 세계 시민 아닌가. 먼 나라인 줄만 알았던 예멘의 난민이 한국까지 오는 세상에서 '이슬람은 무서워'라는 태도로 일관할 수만은 없다. 세계정세에 관심을 기울이는 일은 이제 우리에게 필수 교양이 됐다.

　걸림돌이 있다면 그 정세가 너무 복잡하고 어려워 선뜻 손이 가지 않는다는 점이다. 괜찮다. 우리에게는 영화가 있으니까. 12·12 군사 반란에 대해 전혀 몰랐던 젊은 세대도 〈서울의 봄〉(2023, 김성수 감독)을 보고 극장 밖으로 나서는 순간에는 그 시절의 부조리함에 분노하며 몸을 부르르 떨게 만드는 힘, 그런 매력으로 때로는 천만 명을 극장으로 끌어들이는 힘. 그게 영화의 힘이니까. 스크린 속에 서 있는 한 인간이 처한 위기를 함께 걱정하며 그의 발걸음을 좇다 보면, 지겹기만 했던 역사책의 한 페이지가 잊지 못할 절절한 이야기로 남고는 한다.

　지금 이 시대 우리가 꼭 알아야 할 이야기를 추리고 추렸다. 영화를 통해 세계정세를 전하고 함께 고민해야 할 문제를 다룬다는 칼럼의 기본 콘셉트만 가져왔을 뿐 모든 이야기는 새로 썼다. 그때그때 벌어지는 일에 초점을 맞춰 쓴 칼럼 모음집이 아닌, 세상이 어떻게 돌아가는지 조금 더 거시적으로 바라볼 수 있게 돕는 교양서를 만들고 싶었기 때문이다. 수많은 영화 중에서도 언젠가 시간을 들여 챙겨 봐도 아깝지 않을 작품을 고르려 애를 썼다. 오늘의 안위를 지켜내느라 녹초가 되어 버린 어느 날, 생의 환기를 위해 당신이 재생 버튼을 누른 영화가 이 책 속 작품이라면 더없이 영광일 것이다.

돌이켜 보면 이 모든 일은 외판원 아저씨의 시큼한 발자국에서 시작된 것 같다. 동네 아주머니들이 호기심 어린 눈으로 책을 훑던 모습, 고민에 빠진 엄마의 미간에 잡히던 주름, 책장에 꽂히던 새 전집의 빳빳한 질감. 그리고 부모님 곁에서 TV 드라마를 보며 활자 매체와 영상 매체가 만난 순간에 희열을 느끼던 어린 날들에서 말이다. 아니면 찝찝하고 의뭉스러운 결말로 뒤통수를 치던 달콤쌉싸름한 영화들에 달뜨던 혼자의 날들, 그날들에 빚진 것일까.

그 숱한 날들의 희열과 달뜸이 여태 가슴에 남아 책을 써 내려간 힘이 되었다.

이 책을 손에 쥔 당신에게도 그 기쁨과 즐거움이 전해지기를 바란다.

따지고 보면, 세상에 '남의 일'은 없다.

차례

새로운 강자,
인도가 등판했다

▶ ————————————

〈먹고 기도하고 사랑하라〉(2010)
〈베스트 엑조틱 메리골드 호텔〉(2011)
〈화이트 타이거〉(2021)

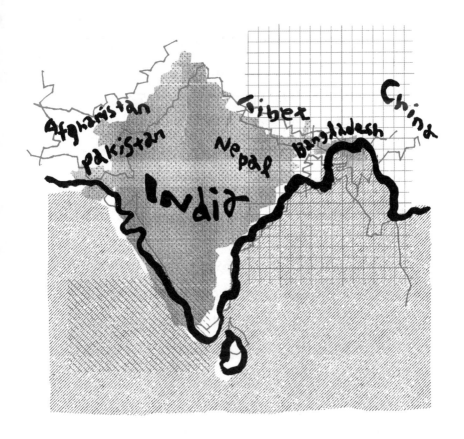

여행을 다녀온 후 훌쩍 성장했다거나 삶이 마법처럼 변했다거나 하는 말들을 믿지 않는다. 성장은 오늘 하루를 온몸을 갈아 넣어 살아내도 이룰까 말까 한다. 압도적인 풍광을 봤다고 해서 갑자기 삶의 모든 것이 아름다워 보이는 마법 같은 일은, 알잖아요, 일어나지 않습니다. 그게 가능했더라면 제법 많은 나라를 홀로 구석구석 여행했던 내가 이럴 수는 없는 거다. 이토록 지난하고 자잘한 번민, 이토록 더딘 성장이라니.

그래도 한때 '이곳에 가면 내 인생이 마법처럼 변할 것'이란 환상을 품었던 곳은 있다. 요가와 명상과 카레와 발리우드[1]의 나라, 인도다. 스무 살 무렵 봇물 터지듯 쏟아진 인도 여행기들에 푹 빠졌던 영향일까. 인도에 가면 내 인생의 고뇌가 반쯤은 해결될 것이란 막연한 믿음이 있었다. 나이가 들며 그런 환상은 점차 옅어졌지만, 여전히 지금도 그곳에 가면 '진짜 나'를 찾을 수 있을 거란 왠지 모를 희망이 한 줌 정도는 남아 있다.

공허한 하루하루를 보내던 작가 리즈(줄리아 로버츠Julia Roberts)도 그랬던 모양이다. 영화 〈먹고 기도하고 사랑하라〉 (2010, 라이언 머피Ryan Murphy 감독)의 주인공 리즈는 결혼 생활이 허울뿐이란 걸 깨닫고 이혼을 결심한다. 이탈리아로 훌쩍 떠나 맛있는 음식을 실컷 먹는 여행을 즐긴 그녀가 다음으로 향한 곳은 인도의 한 명상센터다. 모든 것이 부족하고 불편하지만 결국 리즈는 깨닫는다. '신은 내 안에 있다'는 깊은 울림. 그녀는 그렇게 인생의 한 걸음을 내디딘다.

노년의 길목에서도 나를 구원해 줄 어딘가가 분명히 존재할 거란 믿음은 좀처럼 사라지지 않는다. 〈베스트 엑조틱 메리골드 호텔〉(2011, 존 매든John Madden 감독)에서 삶의 황혼기를 맞은 영국의 일곱 노인은 각자의 마지막 인생 과제를 품고 여행길에 오른다. 목적지는 역시 인도다. 우연히 같은 호텔에 머물게 되는 이들은 영국과 달라도 너무 다른 이곳에서 황당한 일을 수없이 겪지만 점차 익숙해진다. 한 번도 해보지 못한 도전을 하고, 옛사랑을 만나고, 새로운 사랑을 찾게 되면서.

달콤한 디저트 같은 두 편의 영화를 연달아 보면 궁금해진다. 인도에 사는 사람들에게도 이 나라는 그런 곳일까. 스무 살들을 설레게 하고 흔들리는 중년 여성에겐 삶의 갈

피를 잡게 해 주는, 노인들에게도 새로운 세상을 열어 주고
야 마는 그런 황홀한 곳일까. '진짜' 인도는 어떤 모습일까.

▷

세계가 혼돈에 빠지면 새로운 강자가 등장한다.

제각기 살아남기 위해 분투해야 하는 시대, 지금 그 강
자는 인도다. 거대한 땅과 인구가 있어 언제나 '가능성의 나
라'로 꼽혀 왔지만 요즘처럼 큰 관심을 받은 적은 없다. 일
단 땅이 넓다. 세계 7위(328만㎢). 대한민국의 약 33배다. 인
구는 14억 명으로 2023년 중국을 제치고 세계 1위에 올라섰
다. 경제 규모는 세계 5위(국내총생산GDP 기준)로 우뚝, 자국을
식민 지배했던 영국도 제쳤다.

인생사는 타이밍. 덩치도 커졌지만 마침 때가 좋다. 세
계를 주름잡고 있는 '두 형님' 미국과 중국 사이에서 싸움이
났기 때문이다. 미국은 '세계의 공장'인 중국에서 발을 빼
며 이를 대체할 곳뿐 아니라 아시아에서 중국을 함께 견제
할 나라가 필요했다. 이 모든 것이 가능한 곳이 있었으니,
인구 많고 땅 넓고 중국과 가깝기까지 한 인도였다. 미국은
인도와 경제적 협력을 강화하는 한편, 안보 측면에서도 손
을 내밀었다. 중국 견제를 목표로 '쿼드Quad(미국, 인도, 일본,

호주 4개국이 참여하는 안보협의체)'를 결성해 인도를 끌어들인 것이다.

몸값이 높아진 인도는 의기양양하다. 오랫동안 '비동맹주의'[2] 즉 특정 진영에 속하지 않겠다는 외교 원칙을 고수해 왔지만, 최근 들어서는 그 태도가 조금씩 바뀌고 있다. 이익이 되는 일을 가장 먼저 따져 보겠다는 입장으로 말이다. 한마디로 실용주의, 그것도 아주 '냉혹한 실용주의'[3]다.

보자. 인도는 최근 들어 부쩍 미국과 가까워졌지만 그렇다고 무작정 미국 편을 들지 않는다. 실리를 철저히 계산한다. 우크라이나 전쟁이 터지자 인도는 미국 곁에 서서 러시아를 비판하는 대신, 외려 헐값이 된 러시아산 석유를 사들이며 블라디미르 푸틴Vladimir Putin 대통령의 '돈줄'이 되어 줬다. 중국과는 피 튀기는 싸움으로 번진 2020년 국경 분쟁 이후 현재까지 서로 '삐침 모드'를 유지하고 있지만, 그렇다고 아예 등을 돌린 것은 아니다. 겉으로는 으르렁대도 중국은 인도의 최대 교역국[4] 중 하나다. 두 나라는 브라질, 러시아, 인도, 중국, 남아프리카공화국 등 신흥경제국이 주축인 국제기구 브릭스BRICS의 주요 축으로도 활동 중이다. 브릭스는 미국과 서방 국가들을 견제하는 성격이 짙다.

미국 입장에서는 속이 터질 노릇이지만 인도는 크게 개

의치 않는 모습이다. 뒤에서 한소리 듣지 않았겠느냐고? 잔소리는커녕 중국과 국경을 두고 싸우는 인도에 은밀히 군사 정보를 건네주는 곳이 바로 미국이다.[5] 그만큼 이 나라가 필요해졌다는 얘기다. 이제 인도의 목표는 남아시아 지역의 맹주에서 세계적인 강자로 발돋움하는 것. 나렌드라 모디 Narendra Modi 인도 총리는 2047년(독립 100주년) 내에 선진국으로 도약하겠다는 야심 찬 계획도 일찌감치 발표했다.[6]

그런데 이 기세등등한 모습의 뒤편을 살짝 들춰 보면 속사정은 사뭇 다르다. 우선 '제2의 중국'이 될 것이란 기대에 의문이 커지고 있다. 중국을 따라잡으려면 아직 멀었다는 한숨이 인다. 인도가 크게 부흥할 것이란 기대는 1990년대부터 나왔지만, 현재 성적을 보면 GDP 격차가 5배나 날 정도로 중국에 한참 못 미친다.[7] 또 'GDP 순위 세계 5위'를 자랑하고는 있지만 1인당 GDP(2,388달러, 2022년 기준)는 이웃 국가 방글라데시(2,688달러)보다 낮다는 지적도 있다.[8] 남아시아의 대장과 '가난한 나라'란 수식에서 벗어나지 못하고 있는 방글라데시가 고작 이 정도 차이라니. 의외의 결과다.

왜 이런 일이 벌어졌을까.

▷

"현재 인도는 시한폭탄을 깔고 앉아 있다."

2023년 1월. 인도가 중국을 제치고 세계 1위 인구 대국이 될 것이며, 그런 이유로 '10년 내 세계 3위 경제 대국이 될 것'이란 장밋빛 전망이 잇따르던 때 CNN에서 흥미로운 기사 한 편[9]을 내보냈다. 인도의 많은 인구가 '저주'이자 '시한폭탄'이 될 수 있다는 경고였다. 그 이유가 뭐였을까.

심각한 일자리 부족이 문제였다. 수치를 보니 그렇게 말할 만도 했다. 이 나라 노동 시장에 매년 새로 진입하는 사람은 수백만 명. 그러나 생산 가능 인구(15~64세) 중 경제 활동인구(취업자와 실업자를 합친 수치)가 차지하는 비중인 경제 활동 참가율은 약 48%(2023년 기준)에 불과하다. 세계 평균은 약 60%로, 아시아에서 가장 낮은 수준이다. 한 국가의 경제에는 수많은 변수가 존재하지만 대체로 일자리가 증가하면 경제는 성장한다. 개개인에게 일자리의 소중함은 말할 필요도 없다. 사는 게 아무리 팍팍해도 일단 일할 곳이 있고 정기적인 소득이 있는 한 버틸 여력이 생긴다. 인도에는 그런 소중한 일자리가 없어도 너무 없는 거다.

일자리 부족의 가장 큰 원인은 제조업의 부실이다. 이런 지적을 하면 인도는 자국이 정보통신기술IT 강국이라고 자화자찬을 늘어놓지만, IT 업계에서 고용할 수 있는 인원은 일반적인 제조업계에서 고용할 수 있는 인원에 한참 못 미친다. 'IT 종사자'라는 타이틀은 극소수 공부 잘하는 청년들만 누릴 수 있는 특권인 셈이다. 많은 사람이 먹고살기 위해서는 뭐니 뭐니 해도 공장이 돌아가야 한다. 가방이든 신발이든 중장비든 뭐든 말이다.

그렇다면 이 나라에서 제조업은 왜 힘을 못 쓰게 됐을까. 많은 인도 전문가는 '혼합 경제 체제'의 영향[10]을 꼽는다. 1947년 영국에서 독립한 후 인도 초대 총리 자와할랄 네루 Jawaharlal Nehru는 자본주의와 공산주의의 장점을 섞은 '인도식 혼합 경제' 정책을 내세웠다. 국가가 적극적으로 개입해 '허가 경제'로도 불리는 인도식 체제는 언뜻 그럴듯했지만 속속들이 뜯어보면 비효율의 극치였다. 기업이 뭔가를 해보려 할 때마다 일일이 정부의 허가를 받아야 했으니 사업이 쉽지 않았다. 어렵사리 승인받는다 해도 정부가 생산량 등을 규제했다. 광업, 금융, 통신 등 특정 산업에는 민간의 진출을 아예 금지했다.

이런 체제는 자연히 수많은 규제를 불러왔다. 불투명한 사회에서 규제를 피하려면 공무원에게 뇌물을 주는 방법이 제일 편하고, 가장 빨랐다. 뇌물로 돌아가는 사회는 부정부패를 더욱 강화하는 악순환을 낳았다. 제조업이 발달하려야 할 수가 없었던 거다. 인도 정부는 1991년 외환 위기를 겪은 후 체질 개선에 나섰지만 제조업의 비중은 여전히 작다. GDP의 14%밖에 되지 않는다. 노동 인구의 절반가량이 농업에 종사하고 있는 이유다. 반면 중국은 그 비중이 약 30%에 이른다.

▷

강력한 리더십 아래 국민 모두가 똘똘 뭉쳐도 해결하기 힘든 문제들인데, 인도에선 '뭉치는 것'부터가 쉽지 않다. 어마어마한 다양성 때문이다. 언어·종교·문화·지역별로 나뉘어 같은 나라 안에서도 서로 달라도 너무 다르다. 다양성이 풍부하다는 것은 긍정적인 일이지만 때로 큰 갈등의 원인이 되기도 한다. 수많은 갈등 중에서도 가장 심각한 세 가지는 각종 층위의 차별, 종교 다툼 그리고 빈부 격차다. 이 모든 것을 압축해서 담아낸 흥미진진한 영화가 한 편 있으니, 작가 아라빈드 아디가Aravind Adiga의 부커상 수상작을 토대로 만든 〈화이트 타이거〉(2021, 라민 바라니Ramin Bahrani 감독)다.

인도 북동부. 찢어지게 가난한 마을의 찢어지게 가난한 부모 밑에서 태어난 발람(아다르시 구라브Adarsh Gourav)은 매우 영민한 소년이다. 학교 선생님이 한 세대에 한 번만 나타난다는 돌연변이 '화이트 타이거(백호)'라 칭찬할 정도다. 그러나 가난한 현실은 그를 학교에서 내쫓는다. 어떻게든 돈을 벌고 싶은 발람은 동네 사람들을 폭력적으로 갈취하는 지주 '황새'의 집에 하인으로 들어간다. 그의 꿈은 '최고의 하인'이지만, 발람의 일상은 치욕 그 자체다. 카스트[11]상 낮은 계급이란 데서 오는 차별 때문이다. 말이 좋아 하인이지 노예와 다름없는 삶이다. 그럼에도 최고의 하인이란 꿈을 포기할 수는 없다. 1등 운전사를 목표 삼은 발람은 이미 그 자리를 차지하고 있는 하인을 쫓아내기 위해 그가 무슬림이란 사실을 빌미잡아 협박한다. 힌두교를 믿는 주인 집안에서 이슬람교를 끔찍이 혐오한다는 점을 이용한 것이다.

발람의 이런 '못된 짓'이 흥미로운 건, 반反무슬림 정서가 점점 확산하는 현재 인도 사회의 모습이 고스란히 투영돼 있는 장면이라서다. 인도에서는 모디 총리의 인도인민당BJP이 힌두 민족주의를 발판으로 정권을 잡은 2014년 이후, 힌두교도(인구의 80%)의 무슬림(14%)에 대한 혐오 범죄가 꾸준히 증가하고 있다. 영화 속 짧은 에피소드에서 보이는 모습이 이럴 정도니 현실은 말해 무엇 할까.

카스트로 인한 차별, 살짝 엿본 종교 갈등만으로도 머

리가 지끈지끈하는데 영화는 이제 막 시작했다. 지금부터는 말로 설명이 힘든 빈부 격차가 적나라하게 드러난다. 예를 들면 이 장면. 정치인에게 뇌물을 먹이기 위해 수도 뉴델리로 간 주인 아속(라지쿠마르 야다브Rajkumar Yadav)이 호텔 스위트룸에 머물 때, 발람과 다른 하인들은 바퀴벌레가 우글대는 주차장 구석에서 잠을 청한다. 놀라운 건 하인 숙소를 주차장에 마련했단 사실 그 자체다. 유니폼은 한 벌. 양치할 여유는 없다. 발람의 말에 따르면 '닭장에 갇힌 신세'다. 죽도록 일해서 퇴직한다 해도 "빈민촌에 판잣집 하나 마련하면 그나마 성공한 인생"이란 말을 동료에게서 들은 발람은 변화를 결심한다. 발람은 과연 닭장에서 탈출할 수 있을까.

그야말로 인도 사회의 압축판인 이 영화를 보면 인도라는 나라가 나아가는 데 발목을 잡고 있는 진짜 문제가 무언지 짐작할 수 있게 된다. '사람'이다. 14억 인구가 있으면 뭐하나, 사람을 귀히 여기지 않는데. 그래서 무력감이 이미 짙어졌는데. 오죽하면 발람은 이렇게 말한다.

"닭들은 다음이 자기 차례라는 걸 알지만 저항하지 않죠. 우리 중 99.9%는 닭장 안에 붙잡혀 있거든요. 탈출할 열쇠를 그들의 손에 쥐여 줘도 오히려 욕설을 퍼부으며 면전에 내던질 겁니다."

▷

〈먹고 기도하고 사랑하라〉나 〈베스트 엑조틱 메리골드 호텔〉 같은 영화들을 보면 왠지 마음이 달짝지근해진다. 주인공들이 "인생을 바꾸려면 인도로 가라"고 외칠 때는 엉덩이가 들썩인다. 그러나 인도의 실제 모습은 〈화이트 타이거〉에 가깝다는 걸 누구라도 안다. 발람은 닭장에서 나오기 위해 비극적인 선택을 한다. 그 점이 아쉽고 아파서 이 영화의 잔상이 길게 남았는지 모르겠다. "가난한 자가 성공하려면 범죄나 정치뿐"이라는 발람의 자조, 그것이 지금의 인도다.

그럼에도 인도에 대한 희망 섞인 분석이 꾸준히 나오는 건, 도돌이표 같은 얘기지만 그 거대한 땅과 많은 인구 때문이다. 게다가 이 나라 인구는 젊고 역동적이다. 스타트업 수는 8만 개가 넘고, 2018년 이후 탄생한 유니콘 기업[12]만 100개가 넘는다.[13] 인도 정부가 '메이크 인 인디아(인도에서 생산하자)'를 밀어붙이며 이제라도 제조업 강국으로 거듭나겠단 의지를 불태우고 있는 것도 눈여겨볼 점이다. 더 이상 중국 시장에만 기댈 수 없어 현대차를 비롯한 수많은 기업이 인도에 진출해 있거나 진출을 노리는 상황인지라 우리 입장에서도 인도의 부상은 중요하다.

지정학이 귀환한 세계, 새로운 강자의 출현을 보는 일

은 언제나 신선하고 흥미롭다. 그러나 '닭장'에 갇힌 신세와 마찬가지인 수억 명의 사람이 무력하게 몸을 움츠리고 있는 한, 인도가 진정한 강자가 되기 위해 넘어야 할 고비는 꽤 많을 것이다.

〈화이트 타이거〉가 과장 섞인 옛이야기가 되고 〈먹고 기도하고 사랑하라〉가 현실이 되는 그런 날이 언젠가는 올까. 인도는 한 세대에 한 번 나온다는 '화이트 타이거'를 닭장 안에 가두지 않는 나라로 나아갈 수 있을까. 그 모든 자조와 비관에도 한 줌 정도의 환상은 남겨 두고 싶다. 삶이 지치고 힘들 때 인생을 바꾸고 싶다면 인도로 가야 한다고, 아무렴.

인종은 없다.
인종주의가 있을 뿐

▶ ─────────────

〈인어공주〉(2023)
〈겟 아웃〉(2017)

어쩌면 그렇게 희고 예쁜지. 어릴 적 동화 속 공주들은 참 아름다웠다. 유리 구두가 벗겨져도 머리카락 한 올 흐트러짐이 없고, 독사과를 먹고 쓰러져도 때깔 고운 자태라니. 절정은 웨딩드레스를 입고 왕자님과 결혼식을 올리는 장면이었다. 눈이 부시도록 하얗게 반짝이던 마지막 장의 황홀함에 빠져 나는 공주 이야기를 꽤나 좋아했다. 단 한 명, 안데르센의 인어공주만 제외하고. 왕자를 구한 것까지는 좋다 이거야. 다리를 얻기 위해 아름다운 목소리를 내주다니. 그러고도 사랑은 이루지 못하고 물거품이 되어 버리다니![1] 인어공주는 영, 내 취향이 아니었다.

사춘기에 접어들며 동화와 멀어졌고 어른이 된 내 삶은 더더욱 그것과 멀어졌지만, 나는 종종 공주가 주인공인 영화를 보러 갔다. 팝콘 통을 끼고 앉아 엘사(〈겨울왕국〉)나 자스민(〈알라딘〉)의 활약을 보고 있자면 어깨가 절로 들썩였다. 그래도 여전히 에리얼(〈인어공주〉)은 싫었는데, 월트 디즈니 컴퍼니(디즈니)에서 실사 영화로 내놓았을 때는 극장을 찾을 수밖에 없었다. 영화 자체가 아니라 그를 둘러싼 상황이 매우 이상하게 흘러갔기 때문이다.

디즈니가 하얀 피부에 빨간 머리로 에리얼 공주를 그린 애니메이션 〈인어공주〉를 내놓은 건 1989년이었다. 당시 망해 가던 디즈니를 단번에 되살린 이 작품은 전 세계에서 엄청난 인기를 끌었다. 그 때문일까. 2019년 디즈니가 실사화를 발표하며 흑인 배우 할리 베일리Halle Bailey를 주연으로 발탁했다고 알리자, 그야말로 난리가 났다. 원작 애니메이션을, 추억을 훼손하지 말라는 거센 항의였다.

사실 디즈니만 그런 것은 아니었다. 그즈음 할리우드에서는 비非백인 배우를 적극적으로 기용하는 움직임이 일고 있었다. 원작에서는 분명히 흑인 혹은 아시아인이 주인공인데 스크린에서는 백인 배우가 연기하는 관행, 즉 '화이트워싱Whitewashing'에 대한 비판이 커지고 있었기 때문이다. 그렇게 백인이 아닌 주인공이 유행처럼 늘어나자 이번에는 영화의 분위기나 맥락에 맞지 않게 흑인을 캐스팅하는 일(블랙워싱Blackwashing)이 너무 잦다는 불만이 터져 나오기 시작했다. 지나친 정치적 올바름Political Correctness, PC이란 지적. 〈인어공주〉(2023, 롭 마샬Rob Marshall 감독)는 그런 비난의 직격탄을 맞은 작품이다. 애니메이션이 워낙 사랑받았던 탓에 분노도 전 세계에서 쏟아졌다.

그해 극장가를 뜨겁게 달군 이 논란을 지켜보며 씁쓸한 의문이 가시질 않았다. 수백 년 이어진 노예제도의 상흔을 딛고 선 미국은 현재도 인종 차별이 뿌리 깊다. 그런 나라에서 'PC가 지나치다', '흑인 배우가 시도 때도 없이 너무 많이 나온다'는 비난이 나오고 있다는 건, 이제 인종 차별 문제가 퍽 개선됐다는 뜻일까. 미국에서 흑인을 비롯한 비백인의 삶은 그런 말을 들을 정도로 괜찮아진 것일까. 고민은 자연히 영화 〈겟 아웃〉(2017, 조던 필Jordan Peele 감독)으로 가닿았다. 무명 감독을 단번에 세계적인 스타로 만든 이 작품은 공포 영화라면 질색인 나도 몇 번이나 봤을 정도로 수작이다.

▷

번쩍, 크리스(대니얼 컬루야Daniel Kaluuya)는 식은땀을 줄줄 흘리며 눈을 떴다. 온몸을 짓누르는 이 압박감, 이 께름칙한 기분은 뭐지. 어젯밤 분명 무슨 일이 있긴 있었는데 도통 기억이 나지 않는다. 그저 어서 이 집을 떠나야 한다는 직감만 커질 뿐이다. 여기가 어디냐. 한적한 교외에 자리한 여자 친구 로즈(앨리슨 윌리암스Allison Williams)의 집이다. 앞날이 창창한 사진작가 크리스는 새하얗고 아름다운 로즈를 사랑하지만 솔직히 이 집에 오고 싶지는 않았다. 그녀의 부모님이 흑인인 자신을 반대할 게 뻔하니까. 정작 로즈는 아무 걱정이 없다. 아빠가 버락 오바마Barack Obama의 열렬한 팬이라나. 심지어 크리스가 촌스럽다는 눈치였다. 그래서 온 거란 말이다. "자기 부모님께 총 맞기 싫어"라는 농담으로 애써 마음을 다잡으며.

다행히 로즈가 맞았다. 그녀의 부모님은 크리스를 따뜻하게 맞아준다. "뽑을 수만 있었다면 오바마를 또 뽑았을 거야"라면서. 그러나 과도한 친절 뒤에는 뭔가 숨기는 것이 있다는 걸 우리는 수많은 영화를 통해 학습했다. 흑인 가정부와 하인 역시 기괴한 구석이 있다. 다음날, 이웃 사람들이 찾아와 파티가 열린다. 모두 백인이고 모두 친절한데 모두 이상하다. 지나칠 정도로 크리스만 바라본다. 유일한 흑인 남자를 마주치자 반가운 마음에 말을 거는 크리스. 그러나 초점을 잃은 눈으로 마치 누군가에게 조종당하는 것처럼 행동하는 그를 보고 불안감은 더욱 커진다. 이제 크리스에게는 무슨 일이 닥칠 것인가….

그랬다. 이 무시무시한 마을 사람들은 특출난 신체적 조건 등 흑인만이 가지고 있는 것을 부러워하고 갖고 싶어하며, 어떤 식으로든 백인이 '주인'이어야 한다고 생각한다. 그런 탓에 경악할 만한 일이 벌어지고, 크리스는 필사의 탈출을 시도한다. 마침 미국에서 도널드 트럼프^{Donald Trump}가 집권한 해인 2017년에 개봉한 〈겟 아웃〉은 '흑인을 대통령으로 뽑을 만큼 우리는 달라졌다'고 말하는 미국 사회의 여전한 인종주의를 신랄하게 풍자하며 전 세계적으로 2억 5,000만 달러를 벌어들이는 기염을 토했다. 무명의 감독과 배우가 450만 달러의 저예산으로 만든 영화가 제작비의 약 56배가 넘는 이익을 거둔 것이다. 이 작품은 2018년 아카데미 각본상을 비롯해 각종 상을 휩쓸기도 했다.

한마디로 이런 얘기다. 오바마를 최고의 대통령으로 운운하며 모두가 피부색 따위 신경 쓰지 않는다는 듯 쿨한 척을 하지만, 이 나라에서 흑인에 대한 차별은 조금도 나아지지 않았다. 아니, 오히려 더 교묘하고 악랄해졌다. 미국에서 피부색이 '검은' 사람들이 살아가는 일상은 변함없이 '공포' 그 자체다. 나는 인종 차별 문제를 이처럼 영리하고 재치 있게 다룬 영화를 그 이전에도 이후에도 본 적이 없다.

▷

뿌리 깊은 인종주의와 그로 인한 차별은 흑인에게만, 미국에서만 일어나는 일이 아니다. 전 세계적인 문제다. 코로나19 팬데믹과 난민 위기를 거치며 그 차별과 배제의 정도는 곳곳에서 날이 갈수록 커졌다. 팬데믹 기간에는 코로나19가 중국에서 시작됐다는 이유로 특히 아시아인에 대한 증오가 들끓었다. 미국의 경우 팬데믹이 닥친 직후 약 1년간 아시아계 주민을 향한 증오 사건과 범죄가 4,000여 건에 달했다고 한다.[2] 미국뿐이랴. 당시 독일, 프랑스, 스웨덴 등 유럽 국가에서 아시아인에 대한 혐오 범죄를 다룬 기사는 너무 많이 쏟아져 데이터화가 힘들 정도다.

이 문제의 양상이 복잡한 이유는, 인종주의에서만큼은 극히 소수의 사람을 제외하고는 대부분 피해자인 동시에 가해자가 될 수 있다는 점이다. 우리만 해도 그렇다. 한국 국경 밖에서는 피해자 입장이 되는 경우가 많지만, 안에서는 명백한 가해자일 때가 대다수다. 짐작하듯 백인에 대한 차별이 아닌 비백인에 대한 편견과 괄시다. 파키스탄 남성과 결혼해 한국에서 두 아이를 키운 인권 활동가 정혜실은 《우리 안의 인종주의》라는 책에서 이렇게 말한다. "백인과 한국인이 결혼한 경우, 엘리트 상류층이나 연예인의 국제결혼 가족은 글로벌 패밀리로 부른다. (중략) 유독 아시아 출신 결혼 이민자의 아이들만이 다문화라는 이름으로 불린다."

국제결혼 가정을 보듬기 위해 만든 '다문화'라는 말이

도리어 혐오의 표현이 되어 버린 지금, 이런 지적에 '나는 아니다'라고 자신 있게 말할 수 있는 한국인이 얼마나 될까. 영하 20°C의 맹추위에 난방도 되지 않는 비닐하우스 숙소에서 이주노동자가 얼어 죽는 일이 바로 이곳, 한국에서 일어난다.[3] 심지어 국내에 돈을 쓰러 온 관광객조차 동남아시아 지역 출신이라는 이유로 차별을 받는다고 토로한다.[4] 개그 프로그램에서부터 드라마, 영화에 이르기까지 온갖 콘텐츠에도 인종주의가 녹아 있다. 외국인 노동자의 어눌한 발음을 흉내 내며 웃는 일은 이제 클리셰다. 영화 〈인어공주〉가 개봉한 때 배우 할리 베일리를 '흑돔 공주'라 비하하는 표현이 온갖 게시판과 댓글 창에 난무했던 곳이 우리나라다.[5]

이쯤에서 짚고 넘어가야 할 것이 있다. 인종이란 과연 뭘까. 인종이 대체 무엇이기에 인간이 인간을 멸시하고 괴롭히는 근거가 되는 것일까. 세계적인 인류학자 로버트 월드 서스먼Robert Wald Sussman은 이 문제를 과학적으로 집요하게 분석한 역작 《인종이라는 신화》에서 이렇게 설명한다. 우리가 쓰는 인종이란 말은 하나의 종 안에서 차이가 있는 군집들을 일컫는 '하위 종'으로 볼 수 있다. 그러나 "수십만 년 전부터 계속해서 유전자의 흐름이 있었음을 보여 주는 방대한 근거를 볼 때, 인류의 진화적 계통은 하나뿐이며 아종이나 인종은 존재하지 않는다"는 사실이 밝혀졌다. 인종이란 개념은 "인류를 현혹한 최악의 거짓말"이다. 그러니 인종이 있다는 믿음에 오랫동안 이어진 차별은 그 전제부터 완전히 잘못된 것이다. 1950년 유네스코는 이미 "모든 인간이 동일한 종에 속하며 '인종'은 생물학적 실재가 아니다"라고 발표한 바 있다.

결론은 명쾌하다. 인종은 없다. 인종주의와 그로 인한 차별과 배제가 있을 뿐.

▷

나는 인간 사회가 마주한 여러 갈등은 정책의 전환으로 해결의 실마리를 찾을 수 있다고 믿는 편이다. 그러나 인종주의와 관련해서는 개개인의 각성과 인식 변화가 많은 것을 바꿀 수 있다고 생각한다. 이때 영화나 드라마 같은 콘텐츠가 어느 정도 역할을 할 수 있지 않을까. 지나친 '정치적 올바름'이 독선적이라는 데 동의한다. '지나침'의 기준을 어디에 두어야 하는지는 논쟁의 영역이겠지만, 정치적 올바름이 과할 경우 되레 표현의 자유를 억압할 수 있다는 지적에도 공감한다. 그럼에도 나는 〈인어공주〉 같은 영화가 더 많이, 더 자주 나와야 한다고 생각한다. 많은 일이 좌충우돌 속에서 제자리를 찾아가곤 한다. 좌충우돌을 제대로 하려면 일단 양이 많아야 한다.

〈인어공주〉는 온갖 소란이 일었던 것에 비해 좋은 흥행 성적을 거두지는 못했다. 캐스팅 논란과는 별개로, 작품성에서 큰 점수를 받지 못한 탓이다. 원작 애니메이션을 지금 이 시대에 실사화라는 방식으로 다시 내놓을 때는 새 시대의 시대정신과 감성을 담아야 하는데, 이 작품은 그 점이 부족했다. 그래도 나는 이 영화가 꽤 마음에 들었다. 이야기의 초반, 각 대양에 흩어져 사는 인어공주의 언니들이 한데 모인 장면을 봤을 때 느낀 전율 때문이다. 각기 다른 피부색과 헤어스타일, 개성을 지닌 공주들을 보는데 박하사탕을 꿀떡 삼킨 것처럼 머릿속이 탁 트이는 느낌이었다. 내 아이가 언젠가 이 영화를 보는 모습이 눈앞에 그려졌다.

'아, 이런 영화를 보고 자란 아이들은 나와 다르겠구나. 세상에는 저렇게 다양한 피부색을 가진 사람들이 고유의 아름다움으로 빛난다는 걸 처음부터 아무렇지 않게 받아들이겠구나.'

부쩍 책을 좋아하기 시작한 아이를 위해 동화책을 고르다 보면 여전히 하얀 금발 공주 일색이었기에 이 작품이 더 반가웠는지도 모르겠다.

인종주의를 단번에 뿌리 뽑을 수는 없을 거다. 그러나 이런 장면이, 이런 영화가 많을수록 누군가 '피부색 때문에 일상에서 공포를 느끼는 사회'는 조금씩 나아질 것이라고 믿는다. 이미 다문화 사회로 접어든 우리나라에서도 해볼 만한 시도이지 않을까. 한국인(우리가 한국인이라고 믿는 그 한국인)이 아닌 배우가 주인공인 영화나 드라마는 거의 없는 게 현실이니까. 다양성을 존중하는 일은 글로벌 시장을 타깃으로 한 기업들에 실리적인 측면에서도 이득이 된다. 엔터테인먼트업계의 거인 디즈니가 오로지 '사명감'만으로 흑인 배우를 캐스팅했을 리는 없다. 전 세계 시장에서 비백인 인구가 점점 늘고 있다. 이들을 겨냥한 작품을 내놓는 것이 이익을 셈하는 기업의 당연한 순리였을 테다.

영화 속 인어공주는 물거품이 되는 대신 사랑하는 왕자 에릭(조나 하우어-킹Jonah Hauer-King)과 결혼을 한다. 그리고 세상을 바꾸기 위해, 미지의 세계를 탐험하기 위해 떠난다. 맞다, 내가 인어공주를 싫어했던 건 물거품 따위가 되어 버리는 그 답답한 결말 때문이었지. 탐험을 즐기고 제 열정을 좇고 마침내 원하는 것을 쟁취해 내는 인어공주라면 얼마든지 좋아할 수 있다. 애니메이션 속 하얀 에리얼이든 할리 베일리가 연기한 공주든, 해피엔딩이라면 아무래도 내 스타일이다.

분열하는 유럽, '번영과 통합'의 상징 EU는 계속될 수 있을까

▶────────────

〈스페니쉬 아파트먼트〉(2002)
〈나의 사랑, 그리스〉(2015)

41

'유럽'이란 말을 베어 물면 달큰한 크루아상 냄새가 나는 것 같았다. 그 냄새를 뒤따르다 보면 햇살이 잘 드는 노천카페에 앉아 커피를 마시며 여유를 즐기는 사람들이 떠올랐다. 낮에는 따스한 공원에 드러누워 책을 읽고 밤에는 알싸한 와인에 취해 춤을 추겠지. 어린 시절《말괄량이 쌍둥이》와 같은 아동 소설을 읽으며 꿈꿨던 영국 기숙사 대신, 자습실에 앉아 지치도록 수학 문제를 풀던 고등학생의 눈에 유럽은 그런 곳이었다. 자유와 낭만이 가득한, 어쩐지 삶이 쉽게 풀릴 것 같은 곳. 지긋지긋한 입시 지옥이 끝나면 꼭 그곳으로 가야지. 나는 다짐하고 또 다짐했다.

꿈을 이룬 것은 2005년, 홀로 여행을 떠난 스물 언저리의 봄이었다. 배낭을 꼭 끌어안고 파리의 노천카페에 앉아 크루아상을 처음 맛본 그 순간을 어떻게 잊을 수 있을까. 스페인에 도착해서는 아예 집을 구해 눌러앉고 말았다. 해가 좋은 날들이었다.

내가 짐을 부린 곳은 스페인과 프랑스, 오스트리아, 영국 등 다양한 곳에서 온 이들이 함께 사는 셰어하우스였다. 대부분 유럽 국가의 교환 학생 제도인 '에라스뮈스 프로그램'[1]을 통해 온 친구들이었다. 제각각 개성이 뚜렷했지만 유럽 어디에서든 일할 수 있을 거란 자신감에 차 있던 모습만은 같았다. 한국의 취업난을 떠올리며 얼마나 부러웠던지. EU의 풍요가 절정에 이르렀던 시절, 회원국 사이에선 노동 시장의 장벽이 낮았기에 가능한 여유였다는 것은 나중에야 알았다. 그해 어느 봄밤, 같이 살던 친구가 꼭 우리 같다며 보여준 영화가 〈스페니쉬 아파트먼트〉(2002, 세드릭 클라피쉬 Cedric Klapisch 감독)다.

미래에 대한 고민으로 방황하던 20대 프랑스 청년 자비에(로망 뒤리스Romain Duris)는 에라스뮈스 교환 학생으로 선정돼 스페인에 막 도착했다. 잘나간다는 아버지 친구에게서 "EU의 경제 정책으로 고용 시장이 살아날 테니 스페인에 가서 경제학을 공부하면 어딜 가든 꿀리지 않을 것"이란 조언을 듣고 유학을 결심한 참이다. 자비에는 파리의 애인을 그리워하지만, 영국, 독일, 스페인, 이탈리아, 벨기에, 덴마크 등 유럽 곳곳에서 온 친구들과 함께 살을 부대끼며 사는 일에 적응하느라 바쁘다. '문화의 용광로'가 된 이 집에선 하루하루가 사건의 연속이다. 이들은 문화적 차이 때문에 갈등을 겨다가도 냉장고 속 각자의 음식이 뒤섞이듯 어느새 서로에게 스며들고 만다. 스페인 바르셀로나의 숨 막히게 아름다운 골목, 청춘들의 끝없는 수다와 술주정과 춤과 노래. 나는 이 영화 속 혼란과 분주함과 열망과 우울함이 꼭 나와 내 친구들의 것 같아 푹 빠져들고 말았다.

이 영화에서 돋보이는 건, 유럽이 '유럽연합'으로 뭉친 덕에 더욱 잘살게 될 것이란 자신감이 가득했던 그 시절의 낭만적인 분위기다. 타향살이를 하며 한 뼘 성장한 자비에는 이렇게 되뇐다.

"그녀, 그녀, 그녀가 모두 저예요. 프랑스, 스페인, 영국, 덴마크…. 전 어디 출신도 아닌 혼란에 빠진 유럽인일 뿐이죠."

주인공의 마지막 독백이 프랑스인이 아닌 '유럽인'이란 자부심이라니, 말 다했지 뭐. 그렇다면 이 작품이 나온 지 20여 년이 지난 지금, 유럽은 어떤 모습일까.

혼돈 그 자체다.

▷

미국의 군사·정치 분석가 조지 프리드먼George Friedman의 책《다가오는 유럽의 위기와 지정학》은 '유럽적인 삶(유러피

안 라이프)'이란 낭만적인 제목으로 첫 장을 시작한다. 그러나 크루아상 냄새 따위를 떠올리며 책을 읽다간 곧 침울해지고 만다. 프리드먼이 서술한 20세기 초중반의 '유러피안 라이프'는 참혹함 그 자체이기 때문이다. 그는 헝가리에서 온갖 죽을 고비를 넘기고 미국으로 넘어온 아버지의 인생사를 풀어놓으며 당시 유럽인의 삶은 '날마다 지옥'이었다고 설명한다. 제1·2차 세계 대전이 모두 이 땅에서 벌어졌으니 그럴 만도 했다.

사실 20세기 이전에도 수백 년간 유러피안 라이프란 그런 것이었다. 험난한 산맥이나 큰 강 등 지형적 장애물이 거의 없는 '유럽 대평원'[2]에 수많은 세력이 자리한 탓이었다. 전쟁이 끊이지 않았다. 인류사의 최대 비극인 두 차례의 세계 대전을 겪은 후에야 유럽은 각성했다. 평화가 절실했다. 그러려면 통합해야 했다. 그렇게 1952년 유럽석탄철강공동체ECSC(프랑스, 서독, 이탈리아, 벨기에, 네덜란드, 룩셈부르크)가 결성됐다. 5년 후엔 유럽경제공동체ECC로 덩치를 키워 점점 회원국을 늘려 갔다. 소비에트 연방(소련)이 몰락한 몇 년 후인 1993년, 마침내 '평화와 번영'이란 기치를 내걸고 EU가 출범했다. '인류 역사상 최대의 정치 실험'이란 들뜬 기대가 전 세계에 퍼져 나갔다.

EU는 평화롭고 풍요로웠다. 유럽에 자리하고 있는 나라들은 어떻게든 EU에 가입하려고 애를 썼다. 스페인, 그리스 등 남유럽은 물론, 구소련에 속했던 동유럽 국가인 헝가리, 불가리아, 루마니아 등도 속속 회원이 됐다. 피가 마르지 않던 땅에 평화와 번영이라니! 자신감이 붙은 EU는 1999년 화폐마저 유로화로 통합했다. 어쩐지 삶이 쉽게 풀릴 것 같은 곳, 거리마다 여유와 낭만이 물든 시절이었다. 청춘들의 우정이 싹트는 〈스페니쉬 아파트먼트〉가 바로 이때 나온 영화다.

위기가 닥친 건 2008년이었다. 리먼 브라더스 사태[3]로 세계 경제가 흔들리자 관광업에 주로 기대어 산업 기반이 취약했던 남유럽이 무너졌다.[4] 2010년 그리스 구제 금융을 시작으로 스페인, 이탈리아가 줄줄이 위기를 맞았다. 당시 그리스와 스페인의 25세 이하 실업률이 60%에 달했을 정도다. 남유럽의 눈은 자연히 EU로 향했다. 우리는 하나니까, 도와줄 거라 믿었다.

그러나 EU의 선택은 냉정했다. 빚을 삭감해 주고 당장 급한 돈을 빌려주기는 했다. 그런데 그 조건이 가혹하리만큼 까다로웠다. '빚을 공짜로 탕감해 줄 수는 없으니 고된 긴축 정책을 시행해야 해.' 세금을 더 걷고 공무원 구조 조정도

해야 한다는 등의 주문이었다. 유럽 최대 강국인 독일이 이를 주도했다. 남유럽은 분노했다.

"하나의 유럽이라더니, 대체 너희가 해 준 게 뭐야?"

분노는 극우를 결집했다. '황금새벽당'(그리스), '이탈리아의 형제들' 등 2010년대 들어 EU에 반감을 품은 우익 정당들이 세를 불리기 시작했다. 남유럽뿐 아니라 프랑스, 네덜란드 등 유럽 전역에서 일어난 현상이었다. 처음부터 유럽 통합에 떨떠름했던 영국은 2016년 브렉시트[Brexit 5]라는 초강수를 둔다. 아예 EU에서 탈퇴한 것이다. 조지 프리드먼에 따르면 "번영이라는 약속, 유럽의 일부가 되면 풍요로운 삶을 누리게 된다는 핵심 기대가 무너진" 상황이었다. 그즈음 남유럽 사람들의 분노와 좌절이 절절히 묻어난 영화가 〈나의 사랑, 그리스〉(2015, 크리스토퍼 파파칼리아티스[Christopher Papakaliatis] 감독)다.

지오르고(크리스토퍼 파파칼리아티스)는 진퇴양난에 처해 있다. 마케팅 매니저로 꽤 풍요롭게 살았지만 그리스에 경제 위기가 닥쳐 그의 직장에도 칼바람이 몰아치는 중이다. 언제 잘릴지 몰라 불안하기만 한데, 설상가상 아내와의 관계도 파탄 났다. 우울증 약으로 겨우 버티던 그는 바에서 우연히 만난 스웨덴 여성 엘리제(안드레아 오스바트[Andrea Osvart])와

하룻밤을 보낸다. 그런데 이상하다. 더는 누구에게도, 어떤 일에도 설렐 것 같지 않던 가슴이 뛴다. 엘리제와 점점 가까워지던 지오르고는 얼마 후 생각지도 못한 장소에서 그녀를 맞닥뜨린다. 구조 조정 전문가 엘리제는 지오르고가 다니는 회사의 인력을 감축하기 위해 스웨덴에서 그리스로 파견 나온 터였다. 남자의 혼란스러움은 극에 달한다. 괴롭기는 엘리제도 마찬가지다. 그러나 이런 시절, 사랑은 사치일까. 직장에서 쫓겨난 동료가 자살했다는 소식을 듣고 흐느끼는 지오르고의 모습 위로 뉴스가 흘러나온다.

"남유럽 국가에 대해 EU가 제시한 경제 정치에 반발이 커지고 있습니다. 가장 명확한 증거는 그리스인데요. 그동안의 정책이 낳은 부작용들이 서서히 유럽 전체로 퍼지고 있습니다. 비인간적인 긴축 정책에 따른 공포와 압박감에 전국이 마비되고 있습니다. EU는 붕괴되는 것일까요?"

곧 그들은 현실을 인정하게 된다. 영원히 달아오를 것 같던 몸과 몸에는 냉기가 흐른다. 지오르고와 엘리제의 관계는 그리스와 북유럽 국가 간의 관계만큼이나 어색해진다.

그리스의 유명 배우 크리스토퍼 파파칼리아티스가 주연과 연출을 동시에 맡아 화제가 된 이 작품은 20대, 40대, 60대의 사랑 이야기를 옴니버스 형식으로 펼쳐낸다. 시리아에서 온 난민 파리스(타우픽 바롬Tawfeek Barhom)와 여대생 다프네(니키 바칼리Niki Vakali), 지오르고와 엘리제, 가정주부 마리아(마리아 카보이아니Maria Kavoyianni)와 독일에서 온 신사 세바스찬(J. K. 시몬스J. K. Simmons)의 드라마다. 그리스를 강타한 매섭고 혹독한 겨울은 이 세 커플에 각기 다른 잔인한 상처를 낸다. 멜로드라마의 표피를 입고 있지만, 남유럽 경제 위기 이후 그리스 사회의 변화를 현실감 있게 그려 냈다고 찬사를 받은 이유다.

▷

한동안 잠잠했던 유럽 내 갈등은 10년 후인 2020년, 다시 분출됐다. 전염병 때문이었다. 코로나19 팬데믹이 전 세계를 덮치자 유럽국들은 제각각 국경을 걸어 잠갔다. 언뜻 자연스러운 방역 조치였다. 그러나 서로 국경을 자유롭게 넘나들도록 한, EU의 상징과도 같던 '솅겐 조약'[6]이 유명무실해진 순간이기도 했다.

무엇보다 큰 문제는 또 '돈'이었다. 유럽 공동채권 발행을 두고 첨예하게 대립이 인 것이다. 채권은 국가나 공공기업이 돈을 빌리려고 발행하는 증서다. EU가 함께 기금을 마련하고 지급 보증을 서는 공동채권이 발행되면, 상대적으로

신용등급이 낮은 스페인, 이탈리아 등은 더 쉽게 돈을 구할 수 있었다. 남유럽은 공동채권을 발행하자고 아우성을 쳤다. 반면 독일, 네덜란드 등 재정이 탄탄한 나라에선 나중에 공동으로 책임을 져야 하는 부담을 떠안고 싶지 않았다. 남유럽 경제 위기 때와 비슷한 갈등 구도였다. 진통 끝에 공동채권은 발행됐지만, '하나의 유럽'이란 기치에 대한 의문이 곳곳에서 솟아난 후였다.

2022년. 이번엔 전쟁이 터지고야 말았다. 푸틴이 2014년 우크라이나의 크림반도를 강제 합병한 이후, 러시아가 이 나라를 침공할 것이란 우려는 죽 있었다. 그러나 푸틴이 정말 전면전을 일으킬 것이라 생각한 사람은 많지 않았다. 크림반도 합병으로 서방의 여러 제재를 받고 있어 무리수를 감행할 거라 보지 않았던 거다. 예측은 엇나갔다. 2022년 2월 24일 푸틴은 우크라이나를 침공했다. 미국과 유럽 등 서방 국가들은 당황했다. 러시아와 유럽 사이에서 완충지대 역할을 하던 우크라이나가 무너지면 자신들의 안보 역시 위기를 맞을 터였다.

유럽은 오랜만에 단결했다. 우크라이나에 전쟁 물자를 지원하고, 푸틴의 돈줄인 러시아산 석유를 비싼 값에 사지 않는 식으로 압박하면서. 싸움은 자연스레 '유럽 vs 러시아'

의 구도가 됐다. 유럽은 러시아산 천연가스를 쓰지 못해[7] 에너지값이 뛰고 덩달아 경제도 출렁였지만, 애써 마음을 다잡았다. 미국과 유럽 등 서방 국가들의 군사동맹인 북대서양조약기구[NATO][8]는 중립국 핀란드와 스웨덴을 새 회원으로 받아들이기도 했다.

그러나 전쟁이 예상보다 길어지면서 여기저기서 볼멘소리가 나오기 시작했다. 남의 나라 전쟁 지원에 왜 내 세금을 써야 하느냐는 불만, 우크라이나에서 밀려오는 수백만 난민에 대한 피로감이 터져 나왔다. 폴란드 등 러시아에 처절하게 짓밟힌 경험이 있는 국가들은 푸틴에 대해 강경한 편이지만, 그렇지 않은 나라도 많다. 지원 방식과 규모, 파병을 하느냐 마느냐를 두고 온갖 이견이 이는 중이다. 대오는 조금씩 흐트러지고 있다.

유럽의 미래는 어떻게 될까. 누구도 정확히 알 수는 없다. 그러나 더 이상 '하나의 유럽'이란 말만으로 뭉치기 힘들 것이라는 데는 의견이 모인다.

▷

유럽이 그리울 때마다 나는, EU가 꿈꾸던 이상향이 가장 푸릇하게 담겨 있는 영화 〈스페니쉬 아파트먼트〉를 다시 꺼내 본다. 첫 배낭여행 이후로도 여행 혹은 출장으로 유럽을 여러 번 찾았지만, 그때 그 시절의 감성을 느끼기는 어려웠기 때문일까.

그러다 자비에가 스물다섯 살이라는 데 마음이 머물렀다. 이 영화가 세상에 나온 것은 2002년이다. 〈나의 사랑, 그리스〉는 2015년에 개봉했다. 25세 청년 자비에는 그해 마흔을 목전에 둔 지오르고가 됐을 것이다. 청년이 중년이 되는 동안 유럽은 요동쳤다. "나는 어디 출신도 아닌 유럽인"이라 되뇌던 청춘은, 이제 EU의 붕괴를 걱정하는 목소리에 둘러싸여 전전긍긍하는 우울증 걸린 직장인이 되고 말았다.

중년이 된 자비에의 좌절을, 유럽의 위기를 먼 산 불구경하듯 할 수는 없다. 이 모든 위기와 혼란에도 EU는 여전히 미국과 함께 국제사회의 질서를 주도하는 중요한 주체이기 때문이다. 흔들리고 있다고는 해도 막강한 선진국 여럿이 어깨를 나란히 한 거대한 연합이다. 많은 글로벌 이슈의 향방이 지금 이 순간에도 이들의 손에서 결정된다. 특히나 우리처럼 민주주의를 비롯한 서구사회의 여러 가치를 받아들인 나라는, 이를 더욱 유심히 지켜볼 필요가 있다.

유럽은 예전 같지 않을 것이다. 그러나 '하나의 유럽'이란 이상에 목청만 높이는 대신, 분열의 속도를 늦추고 연대의 방식과 형태를 달리하며 나아갈 수는 있을 것이다. 그것이 지금 EU가 그 어떤 것보다 진지하게 고민해야 할 문제일 거라고, 두 편의 영화를 보며 생각했다.

〈나의 사랑, 그리스〉는 비극적이되 비극적이지 않은 방식으로 이야기를 매듭짓는다. 세 편의 드라마 중 60대의 사랑을 다룬 마지막 편. 소중한 이를 잃어 삶이 완전히 산산조각 났다고 믿었던 마리아는 기적처럼 세바스찬을 다시 만나게 된다. 우연히 만나 남몰래 사랑을 키웠던 둘은, 많은 시간이 지났음에도 변함없이 따뜻한 서로의 마음을 확인한다. 사랑이 불가능할 것 같은 시대에도 사랑은 여전히 가능하다. 형태는 바뀌어도 삶은 계속된다.

기후 위기,
바보야 문제는 정치야

Tuvalu

Maldives

어느 가을 스페인 산티아고 순례길[1]을 홀로 찾았을 때다. 모든 것에 실패한 것만 같던 때, 누군가 툭 치면 당장이라도 울음이 터져 나올 것만 같던 때였다. 버리고 싶지만 버릴 수 없는 나 자신을 부여잡고 선 그 길의 시작점에서 꽤 기대가 컸다. 복잡한 생각들이 정리되고 향후 몇 년간의 방향쯤은 잡히리라. 내심 바랐다.

그런데 참 이상하지. 그 아름다운 시골길을 걷는 내내 머릿속에 들어찬 생각들은 이랬다. '다음 마을은 대체 언제 나오는 거야. 커피 마시고 싶어 죽겠네', '점심 뭐 먹지', '이 코스는 왜 이렇게 사람이 없는 거야. 내 호신용 스프레이 어디 갔더라', '어디서 자지?', '오늘은 꼭 빨래해야 하는데', '샴푸 떨어졌는데 슈퍼 문 닫았으면 어쩌지'….

나는 코앞에 닥친 일만 골똘히 고민하고 코앞에 닥친 일만 해결하고 있었다. 이 세상에 코앞에 있는 일밖에 없는 사람처럼. 이게 뭐야, 이러려고 온 게 아니잖아. 며칠 후 초조해진 나는 작심을 하고 내 인생에 대한 생각에 집중하며 걷기 시작했다. 그러나 몇 분 지나지 않아 내 의식은 화장실에 닿았다. '다음 마을 화장실은 깨끗해야 할 텐데.' 조금 당황스러웠다. 다음날도, 그다음 날도 마찬가지였다.

이걸 어쩐담. 나는 순례길에 화장실이 있는지 점검하기 위해 이 먼 곳까지 날아온 것인가. 자괴감이 들었다.

▷

지구 온난화와 기후 위기.

지금 이 순간 그 누구도 피하지 못할 단 한 가지 주제가 있다면 이것일 것이다. 매해 여름 기록을 갈아치우는 폭염, 예측을 벗어나 들이닥치는 폭우, 점점 더 규모가 커지는 산불…. 피해는 제각각이지만 여기서 완전히 자유로운 사람은 없다.

지구 온난화는 18세기 중반 시작된 산업혁명[2] 이후 지표면의 평균 기온이 상승하는 현상을 말한다. 석탄, 석유와 같은 화석연료를 태워 전기를 만들고 차를 굴릴 때 발생하는 온실가스[3]가 지구에서 우주로 빠져나가야 할 열기를 붙잡아두는 탓이다. 마치 온실처럼 말이다. 매년 전 세계에서 배출되는 온실가스는 약 510억t. 이 중 이산화탄소가 약 370억t(2023년 기준)[4]으로 가장 많다. 이산화탄소는 탄소 원자 하나에 산소 원자 둘이 결합한 화합물(CO_2)인데, 온실가스 대부분이 이처럼 탄소를 품고 있어 보통 '탄소'라 통칭한다.

지구의 기온이 오르는 게 왜 문제일까. 기후가 변해서다. 45억 년 지구의 역사에서 기후 변화는 자연스러운 현상이었지만, 인간의 활동으로 '갑자기' 확 늘어난 온실가스 때문에 '급격히' 변하고 있다는 점이 핵심이다. 그 속도가 너무 빨라 인간을 비롯한 모든 생물의 삶을 혹독하게 몰아가고 있다.

우선, 북극과 그린란드의 빙하가 녹아내려 해수면이 상승한다. 육지는 점점 바닷물에 잠기게 된다. 전 세계 인구 10명 중 7명이 바닷가에서 50km 안쪽에 살고 있는데! (서울~인천공항 거리가 약 44km다.) 또 공기가 따뜻해지면 물 분자를 많이 머금게 돼 비가 많이 내린다. 그것도 '폭우'로. 모든 것이 극단적이라 한쪽에서 폭우가 내릴 때 다른 한편에서는 가뭄으로 땅이 쩍쩍 갈라진다. 사막으로 변하는 곳도 늘어난다. 자연재해는 식량 위기를 부른다. 먹을 것이 부족해지면 사람들은 싸우게 마련이다. 이 밖에도 아직 알 수 없는 위험이 숱하게 도사리고 있다.

〈투모로우〉(2004, 롤랜드 에머리히Roland Emmerich 감독)는 우리가 '아직 알 수 없는 위험'을 그린 많은 영화 중에서도 대표격이다. 물량 승부로 정평이 난 에머리히 감독의 이 작품은 개봉 당시 크게 흥행했는데, 그때까지 지구온난화가 몰고 올 재앙을 이토록 파괴적이고 충격적으로 그린 영화는 거의 없었기 때문이다. 물론 지금 봐도 촌스럽지 않은 대작이다.

인도 뉴델리에 때 아닌 폭설이 내리는 이 시각, 국제회의장 무대에 선 기상학자 잭 홀 박사(데니스 퀘이드Dennis Quaid)는 식은땀을 줄줄 흘리고 있다. 옛날 옛적 빙하기의 원인이 온난화였다는 자신의 이론을 열심히 설명 중인데, 정치인들은 심드렁하다. 굴하지 않고 기후 대책을 주장하는 잭에게 미국 부통령이 쏘아붙인다. "경제도 환경만큼 위기요. 선동적 발언 삼가시오." 남극에서는 빙하가 무너져 내리고, 일본 도쿄에는 바위만 한 우박이 떨어지고 있는데 말이다.

경고를 무시한 자에겐 반드시 위기가 닥친다. 거대한 토네이도가 미국 로스앤젤레스를 휩쓸고 뉴욕에 폭우와 해일이 덮치자 정부는 부랴부랴 잭을 찾는다. 사람들을 남쪽으로 대피시키라고 말하는 잭. 그러나 정작 자신은 엄청난 폭설과 추위가 닥친 북쪽의 뉴욕으로 향한다. 퀴즈대회 출전을 위해 뉴욕에 간 아들 샘(제이크 질렌할Jake Gyllenhaal)을 구하기 위해서다. 샘은 여자 친구 로라(에미 로섬Emmy Rossum)와 함께 도서관에 피신해 있지만, 상황은 점점 심각해진다. 영화는 이제 뜨거운 부성애의 드라마를 무시무시한 재난 위에 그려 낸다. 아빠와 아들은 지구 대재앙을 뚫고 만날 수 있을까.

이 영화는 빙하가 녹아 난류暖流(따뜻한 해류)가 냉각되면 지구가 얼어붙는다는 가설을 기반으로 제작됐다. 과학적으로는 비판을 받았지만 기후 위기에 대한 경각심을 불러일으키기엔 충분했다. 자유의 여신상이 바다에 잠기고 뉴욕에 바닷물이 밀려드는 씬은 다시 봐도 소름이 돋는다. 특히 마음 아픈 건, 로라가 인류의 모든 지식이 한데 모인 도서관에 앉아 한숨을 쉬는 장면이다. 세상이 망한다면 이 책들이 죄다 무슨 소용이 있냐는 듯 그녀는 말한다.

"난 미래를 위해 열심히 살았어. 그런데 그 미래가 사라지게 됐지."

▷

미래 세대에게 미래를 쥐여 주기 위해 우리는 무얼 어떻게 해야 하는 것일까. 과학자들은 지구의 평균 온도 상승 폭이 산업화 이전에 비해 1.5℃ 이상이 되지 않도록 막아야 한다고 주장한다. 문제는 시간이 없다는 거다. 이미 1.5℃를 넘었다는 관측 결과[5]마저 나왔다. 해결 방법은 탄소 배출을 줄이는 것뿐[6]이지만 쉽지 않다. 전기며 자동차를 쓰지 않을 수 없어서다. 탄소를 배출하지 않는 에너지원을 찾아야 하는데, 화석연료만큼 값싸고 효율 좋은 걸 찾기란 여간 힘든 일이 아니다.

가령 원자력 발전은 친환경적인 에너지로 분류되지만 '위험하다'는 인식이 널리 퍼져 있다. 전문가들은 그 위험이 화석연료나 다른 에너지원에 비해 훨씬 낮다고 강조하지만, 체르노빌 원자력 발전소 사고(1986년), 후쿠시마 원전 사고(2011년) 등 인류사에 기록될 대형 사고가 몇 차례 있었던 탓이다. 태양열과 바람을 이용하는 신재생에너지는 '원하는 때 얻을 수 없다'는 치명적인 단점이 있다. 햇볕은 기도한다고 내리쬐지 않고 바람은 부른다고 오지 않는다. 석탄이나 석유처럼 원하는 장소로 쉽게 옮길 수도 없다. 가격이 많이 낮아졌다고는 해도 다른 에너지와 비교하면 비싸고, 에너지 밀도도 낮다. 완벽한 '꿈의 에너지원'은 아직 없는 셈이다.

그런데 만약 이 모든 문제를 한 방에 해결할 수 있는 기막힌 방법이 나타난다면 어떨까. 인류는 이 어려운 숙제를 내던지고 기후 유토피아로 갈 수 있지 않을까. 영화 〈지오스톰〉(2017, 딘 데블린Dean Devlin 감독)은 이런 가정에서 시작하는 이야기다.

기후 위기로 폐허가 되어가던 가까운 미래의 지구. 인

공위성으로 날씨를 직접 조종할 수 있는 '더치보이 프로그램'을 개발하는 데 성공한 세계 정부 연합은 당분간 미국이 통제권을 갖는 데 합의한다. 그러나 이 프로그램을 개발한 과학자 제이크(제라드 버틀러Gerard Butler)는 미국 정부의 지시를 사사건건 어겨 쫓겨나고, 함께 일해 온 그의 동생 맥스(짐 스터게스Jim Sturgess)가 바통을 이어받게 된다.

그런데 어느 날부터인가 기상 이변이 잦아진다. 맥스는 이를 해결하기 위해 제이크를 찾아가고, 형제는 다시 손을 잡는데 일이 이상하게 흘러간다. 이 일이 프로그램의 오류가 아닌 누군가의 조작이란 걸 알게 되는 형제. 배후를 찾기 위해 두 사람이 애를 쓰는 동안 도쿄에 거대한 우박이 쏟아지고 뭄바이에 토네이도가 닥치는 등 온갖 재해로 사람들이 죽어 나간다. 대관절 누가, 왜 이런 일을 벌인단 말인가. 딸이 있는 곳까지 재난이 덮치려 하자 제이크의 마음은 급해진다.

고전적인 '할리우드 영웅 스토리'가 촌스러운 면도 있지만, 블록버스터의 화려함과 도발적인 질문이 마음에 들어서 나는 이 영화를 꽤 흥미롭게 봤다. 물론 중간중간 답답한 마음에 소리를 지를 뻔했지만 말이다. '저렇게 훌륭한 걸 만들었으면 어떻게든 같이 잘해볼 생각을 해야지, 싸울 생각

밖에 안 하냐? 이 지긋지긋한 인간들아!'

그러다 정신이 번뜩 들었다. 지금 우리 세계의 위기 역시 본질은 '정치'라는 데 생각이 닿아서였다.

▷

영화에서처럼 현실에서도 인류는 기후 위기에 공동으로 대응해 왔다. 1992년 브라질 리우데자네이루에서 열린 유엔환경개발회의[UNCED]를 시작으로 수많은 논의가 진행됐다. 가장 최근의 성과는 2015년 체결된 '파리 협정'이다. 지구 평균 기온 상승을 산업화 이전 대비 1.5℃로 제한하기 위해 모든 국가가 2020년부터 기후 행동에 참여하기로 한 약속이다.[7] 이 협정은 역사적이란 평가를 받는데 그럴 만하다. 그간 '기후 위기는 선진국 너희 탓이니 책임지라'[8]며 선을 그어온 개발도상국들이 마침내 동참했기 때문이다. 최저개발국부터 선진국까지 무려 195개 당사국이 참여했다. 그 대신 잘사는 나라들은 빈국을 재정·기술적으로 돕기로 했다. 기후 위기 대응에 있어 수십 년간 곪아 있던 문제가 바로 '선진국 vs 개발도상국'의 갈등이었던 만큼 이는 중요한 진전이었다.

처음에는 '더치보이'처럼 잘 굴러가는 듯했다. 그러나

곧 불만이 나오기 시작했다. 미국이 트럼프 정권 시절 탈퇴했다가 다시 가입[9]하는 등 혼란이 이는 와중에 개발도상국들의 좌절은 커져만 갔다. 선진국들이 지원 약속을 지키지 않고, 신재생에너지를 강요한다는 분노였다. 경제 발전을 하려면 산업화해야 하고, 그러려면 많은 에너지가 필요한데 신재생에너지로는 정말이지 턱도 없었다. 가난한 나라들은 부자 나라들이 위선을 떤다며 비난했다.

'싼값에 많은 에너지를 뽑아낼 수 있는 건 솔직히 화석연료밖에 없어. 그동안 펑펑 써온 너희가 누구보다 잘 알지 않니? 우크라이나 전쟁으로 천연가스 끊겼을 때 독일이 어떻게 했어? 석탄 발전소 돌렸잖아!'

기후 위기보다 기후 정책이 더 위험하다는 비판[10]은 서구사회 내에서도 나오고 있다. 최저개발국에서는 지금도 동물의 배설물을 태워 요리할 정도로 전기가 귀한데, 환경 극단주의가 산업화를 가로막아 수십억 생명을 위협하고 있다는 지적이다. 기후 위기보다 빈곤으로 죽어가는 사람이 더 많으니, 저개발국은 화석연료를 써서라도 경제 발전을 해야 한다는 내용이 담긴 책《지구를 위한다는 착각》(마이클 셸런버거Michael Shellenberger)은 세계적인 베스트셀러가 됐다. 이런 논란 속에서 부자 나라와 가난한 나라의 갈등은 쉽게 진정될 기미가 보이지 않는다.

〈지오스톰〉에서 제이크와 맥스 형제는 마침내 그 배후를 찾아낸다. 더치보이를 이용해 막강한 권력을 쥐고 싶던 빌런을 처단하고 더치보이를 제자리에 돌려놓자 기적처럼, 모든 것이 평안을 찾는다. 아빠의 헌신 덕에 끝내 살아남은 제이크의 딸은 아름답게 저무는 하늘을 바라보며 읊조린다.

"과거를 돌이킬 순 없다. 미래에 대비할 뿐. 하나뿐인 지구를 하나 된 사람들이 공유한다는 걸 잊지 않는 한 우리는 살아남을 것이다."

그러나 지금 현실을 보면 우리는 '하나뿐인 지구를 하나 된 사람들이 공유한다는 걸' 잊은 것만 같다. 역시, 문제는 정치다.

▷

기후 소식을 듣다 보면 종종 우울해진다. 내가 할 수 있는 것이라곤 도무지 없는 것만 같다. 주변을 둘러보면 다들 비슷하다. 음식물 쓰레기 처리 과정에서 엄청난 탄소가 배출된다는 얘기를 듣고 최대한 음식이 남지 않도록 조리한다는 친구도 있고, 같은 이유로 옷을 사기가 꺼려진다는 이도 많다. 에어컨을 틀 때마다 죄책감이 든다거나, 심지어 기후 위기 때문에 출산이 고민된다는 지인도 있다. 그만큼 이 문제가 우리 일상에 깊숙이 스며들고 있다는 얘기다. 오죽하면 '기후 불안'이란 말이 나왔을까. 살아갈 날이 많은 젊은이들 사이에서 특히 심하다고 한다. 세계적인 환경운동가 그레타 툰베리Greta Thunberg가 기후 위기에 대한 걱정 때문에 꽤 심각한 우울증을 앓은 후 삶의 방향을 바꿨다는 이야기는 유명하다. 그러나 누구나 환경운동가가 될 수는 없는 일이고, 마냥 우울하게 삶을 흘려보낼 수도 없다. 대체 우리는 무얼 어째야 하는 걸까.

내 힘으로 어쩌지 못할 막막하고 거대한 문제 앞에서 서성이다 나는 그 가을날의 산티아고 순례길을 떠올렸다. 그 가을, 그 길. 나는 걷는 내내 코앞에 닥친 일에만 골몰하는 내 자신이 우습고 조금은 한심했다. 그래도 매일 성실히 걸었다. 매일의 아침 식사와 매일의 빨래와 매일의 화장실을 고민하며 그저 한 걸음 한 걸음씩. 그렇게 어느 순간 고개를 들어보니 산티아고에 발을 딛고 서 있었다.

코앞에 닥친 일에만 골똘히 집중하는 일을 어리석음의 표상이라고 여겼다. '어쩜 그렇게 멀리 못 봐, 인간아.' 나는 내게 언제나 어리석은 인간이었다. 그러나 땀에 절어 목적지에 도착한 날 알았다. 코앞에 닥친 일들을 해결하느라 정성을 다했던 힘, 실은 그것이 나를 산티아고로 이끌어 온 거였다. 코앞에 닥친 배고픔과 빨래와 잠들 곳을 걱정하며, 하루하루 당장 내 눈앞에 놓인 그 일들에 정성을 들인 힘. 산티아고를 잊지 않되, 사실은 잊고 걸어온 덕으로.

기후 위기에 개인이 취할 수 있는 유일한 태도는 이것이지 않을까. 당장 코앞에 닥친, 나의 일을 하는 것. 축산업에서 나오는 탄소 배출량이 만만치 않다고 하니 육류 섭취를 조금은 줄이고, 어제보다는 전기를 아껴 쓰는 일. 물건을 채우기보다는 비우며 살아가는 삶. 누군가의 정치가 세상을 구하는 순간들에 나의 정성이 더해진다면, 영화 속 '기후 인공위성'이 개발되지 않는다 해도 그럭저럭 살 만한 지구를 만들어 나갈 수 있지 않을까.

그 가을 산티아고 대성당 앞에 도착해 눈부신 햇빛을 받으며 나는, 내가 오랜만에 좋았다. 그 느낌을 아마도 영원히 잊을 수 없을 것이다.

블랙 팬서의 꿈,
아프리카라는 희망

▶ ────────────────

〈블랙 팬서〉(2018)

"와칸다 포에버!(와칸다여, 영원하라!)"

전사들이 두 팔을 가슴에 모아 외친 후 달려가면, 내 나라도 아닌데 왜 이래, 마구 가슴이 뛴다. 〈어벤져스: 인피니티 워〉(2018, 안소니 루소Anthony Russo & 조 루소Joe Russo 감독)의 백인 영웅들 사이에서 단연 빛나는 흑인 히어로이자 와칸다의 왕 티찰라(채드윅 보즈먼Chadwick Boseman)가 적들을 무찌르는 장면이다. "와칸다, 너희 꼭 영원해라 정말!" 주먹을 불끈. 마블 슈퍼히어로의 팬이 아닐지라도 티찰라가 단독 주인공인 영화 〈블랙 팬서〉[1](2018, 라이언 쿠글러Ryan Coogler 감독)를 다시 찾아보지 않을 도리가 없다.

세계 최빈국으로 알려진 아프리카 와칸다 왕국. 사실은 세계 최강대국이자 고도로 발전된 기술을 갖춰 미국마저 우스운 나라다. 지구에서 가장 강한 희귀 금속인 '비브라늄'이 매장돼 있는 덕이다. 와칸다인들은 이를 이용해 부유하고 아름다운 나라를 건설했지만 철저히 정체를 숨기고 살아간다. 왜냐고? 이 보물이 있다는 게 알려지면 여기저기서 달려들 게 뻔하기 때문이다. 아니나 다를까, 비브라늄을 탐내는 적들이 이곳을 노리기 시작한다.

　사고로 아버지를 잃고 왕위를 계승한 국왕이자 왕국 최고의 전사 '블랙 팬서'인 티찰라는 이 위기를 어떻게 헤쳐 나갈까. 와칸다는 영원할 수 있을 것인가. 마블 최초의 흑인 영웅 이야기 〈블랙 팬서〉는 화려한 판타지 영화이면서 동시에 현실 세계의 정치를 예리하게 담아내 전 세계에서 13억 달러 넘게 벌어들이며 소위 '대박'을 쳤다. 그런데 참 이상하다. 아프리카에는 왜 와칸다와 같은 부유한 국가가 단 한 곳도 없는 것일까. 비브라늄이 없어서라고? 그럴 리가. '현실판 비브라늄'이라 할 만한 석유나 코발트, 다이아몬드 등 각종 자원이 어마어마하게 묻혀 있는 곳이 바로 아프리카란 말이다.

　신문사를 다니며 여러 부서에서 일을 해봤지만 국제부만큼 다양한 지역과 주제를 다루는 곳도 드물었다. 그런데 기사량을 따져 보면 미국과 중국, 일본 이야기가 압도적으로 많다. 해당 지역에서 벌어진 일이 '우리나라에 영향을 주는가', '어느 정도인가'를 살피다 보면 어쩔 수 없이 그렇게 되곤 한다. 이때 후순위로 밀리는 지역 중 한 곳이 아프리카다. 일단 멀고, 그곳의 일이 우리에게 당장 미치는 영향이 비교적 작기 때문이다.

독자들의 관심도 적은 편이다. 쿠데타처럼 큰 사건이 일어나 부랴부랴 속보며 분석 기사를 쏟아 내도 하루 이틀만 지나면 관심이 급속히 식는 게 느껴진다. 나만 해도 북극부터 중남미 대륙 끝자락에 이르기까지 가고 싶은 여행지를 빼곡히 적어 뒀지만 아프리카 국가들은 목록의 저 끝에 있다. 판타지인 걸 알면서도 아프리카에 세계 최강대국이 있다는 설정의 〈블랙 팬서〉가 흥미진진했던 건, 그래서인지도 모르겠다.

▷

아프리카는 광활한 대륙이다.

아시아에 이어 세계에서 두 번째(면적 약 3,037만㎢)로 크다. 당연히 지역마다 특색이 다르다. 이슬람·아랍 문화권이지만 아프리카연합^{AU}에 속한 북아프리카,² 프랑스 식민 지배의 영향이 짙고 최근 연이은 쿠데타로 불안한 서아프리카, 경제적으로 가장 주목받는 남아프리카를 비롯해 동아프리카, 중앙아프리카 등 5개 권역³으로 나뉜다. 국가는 총 55개국(AU 기준). '영국, 프랑스, 아프리카 등'이라고 이 대륙을 마치 한 나라처럼 표기하는 건 실례다. 최소한 '아프리카 국가들'이라고 쓰는 게 맞다.

아프리카는 가난한 대륙이다.

세계 최저개발국[4] 46개국 중 33개국(2022년 UN 기준)이 아프리카에 있다. 하루 1.9달러 이하의 돈으로 살아가는 극빈층은 약 4억 3,100만 명(2022년 기준)[5]에 달한다. 나이지리아, 남아프리카공화국 등이 신흥공업국으로 떠오르고 있다지만 GDP 규모로 전 세계 30위권 안에 드는 곳은 찾아보기 힘들다. 각종 인프라가 열악한 탓에 기후 위기의 영향도 크게 받아 특히 가난한 사람들이 더욱 궁핍으로 내몰리고 있다. 대부분 국가가 내전과 독재로 수십 년간 큰 고통을 겪었거나 여전히 겪고 있다. 최근에는 사하라 사막 남쪽에 있는 '사헬 지대'[6]가 문제다. 서쪽의 말리부터 동쪽의 수단에 이르기까지 각지에서 쿠데타가 일어나 '쿠데타 벨트'라는 아픈 별칭마저 얻었다.

아프리카는 왜 가난과 내전의 굴레에서 벗어나지 못하는 것일까. 복잡한 상황을 한마디로 명쾌하게 설명하기는 힘들지만 굵직한 줄기는 짚어볼 수 있다.

먼저 지도를 보자. 아프리카 지도를 유심히 들여다보면 유독 직선 모양의 국경선이 많다는 데 눈길이 간다. 보통 나라와 나라 간 국경은 산이나 강, 호수 등을 경계로 형성돼

구불구불한 모양이기 마련이다. 어찌 된 일일까. 18~19세기이 대륙에 경쟁적으로 들어온 영국, 프랑스 등 유럽 열강이 '땅따먹기'를 하며 지도를 펼쳐놓고 마음대로 국경선을 그어 버린 결과다. 이 때문에 여러 나라가 인위적인 '직선 국경'을 갖게 됐는데, 자연스러운 국경이 아니다 보니 으르렁대던 부족들이 한 나라 국민이 된 경우가 많았다. 그렇지 않아도 유럽 국가들과 미국이 노예무역(15~19세기)을 하며 부족간 갈등을 이용한 탓에 다툼이 많았는데 말이다. 1960년대아프리카 국가들이 연이어 독립하며 곪아 있던 문제가 터졌다. 수많은 내전이 일어났다. 제국주의 국가들의 식민 지배가 남긴 큰 상처다.

그 많은 자원도 안정과 발전에는 도움이 되지 못했다. 이른바 '자원의 저주resource curse'였다. 자원이 풍부할수록 오히려 경제 성장이 둔해지는 현상을 말하는데, 모든 나라에 해당되는 건 아니지만 아프리카에는 꽤 들어맞는다.

아프리카 대륙에는 곳곳에 온갖 자원이 매장돼 있다. 나이지리아, 리비아 등은 주요 석유 매장국이고, 콩고민주공화국은 다이아몬드와 코발트 매장량 1위 국가다. 남아프리카공화국에는 망간(1위)과 금(2위)이 풍부하다. 이 밖에도 백금, 인광석, 보크사이트 등 수많은 자원이 이 대륙에 묻혀 있다. 탐나는 물건이 많으면 탐내는 이도 많기 마련이다. 이곳 국가들이 각자 독립을 선언하던 혼란한 시기에 권력층 사이에서는 자원을 두고 치열한 쟁탈전이 벌어졌다. 부족 간 싸움도 실은 자원 때문일 때가 많았다. 이는 긴 내전과 독재 정권 군림으로 이어지곤 했다. 풍부한 지하자원은 독재 정권에 장기 집권할 '돈줄'이 되어 줬다. 자원이 넘쳐나니 지도층이 산업 발전에 소홀하기 쉬웠다. 취약한 제도적 기반과 부정부패는 이를 악화했다. 영화에선 비브라늄이 와칸다의 힘이 됐지만, 현실에서는 '저주'가 된 셈이다.

아프리카의 현재는 어떨까. 산업화가 이뤄지지 못한 국가가 대부분이다 보니 이 대륙에는 교육, 의료, 보건 등 사회 전반의 인프라가 제대로 갖춰진 곳이 드물다. 교육의 질이 낮다는 것은 곧 여성의 지위가 낮다는 얘기이기도 하다. 일례로 아프리카 여러 지역에서는 여성의 성기를 절제하는 악습인 '여성 할례'가 여전히 성행한다.

최근에는 이슬람 극단주의 무장단체를 중심으로 한 폭력 사태도 느는 추세다. 〈블랙 팬서〉의 초반부에도 이런 현실이 짧게 묘사된다. 왕위 즉위식을 앞둔 티찰라는 연인 나키아(루피타 뇽Lupita Nyong'o)를 데려오기 위해 나이지리아의 삼비사 숲으로 향한다. 깜깜한 숲속을 달리는 악당들의 트럭

행렬에 납치된 소녀들과 나키아가 있다. 해마다 여학생들을 납치해 공포로 몰아넣은 나이지리아 이슬람 무장단체 '보코 하람'을 떠올리게 하는 장면이다. 블랙 팬서와 나키아가 이들을 처단하고 소녀들을 구해내는 씬은, 관객을 확 휘어잡는 액션 씬인 동시에 티찰라가 추후 와칸다를 넘어 지역과 동족(흑인) 전체의 미래를 고민하는 근거로 기능한다.

▷

솔직히 말하면 아프리카의 미래는 녹록지 않아 보인다. 내전과 쿠데타 등 정치적 불안정, 기후 변화, 종교 갈등 등 쉽게 해결책이 보이지 않는 문제가 산적해 있는데 선진국과의 산업·기술·부의 격차는 커져만 간다. 이 지역의 빈곤과 혼란은 이제 이곳만의 얘기는 아니다. 가난과 전쟁을 피해 목숨 걸고 탈출한 아프리카인들이 난민이 되고 있기 때문이다. 지금은 유럽이 이 문제로 골치가 아프지만, 점차 더 많은 나라가 이 부담을 지게 될 것이다.

다행이라면 이 모든 복잡한 사정에도 요즘 이 지역에 대한 관심이 그 어느 때보다 뜨겁다는 것이다. 자원이 관심의 가장 큰 이유인 것은 두말할 필요도 없다. 제일 적극적인 곳은 중국이다. 중국 정부는 수십 년째 외교단의 새해 첫 방문지로 아프리카 국가들을 택해 이들을 치켜세우는 한편, '일대일로 프로젝트'[7]를 통해 각종 인프라를 건설하며 지원하고 있다. 공짜는 아닌지라 '빚의 굴레'를 씌우고 있다는 비판도 커지고 있지만 말이다. 미국도 만만치 않다. 반중 정서를 틈타 중국과는 다른 방식의 투자와 지원을 늘리고 있다. 미국과 중국에 비해 돈이 부족한 러시아는 군사 협력으로 세력을 키우는 중이다.

아프리카 국가들은 이런 '러브콜'을 진지한 기회로 만들기 위해 부단히 애쓰고 있다. 지원이 새로운 형태의 침탈이 아닌 '윈윈win-win'이 될 수 있게 하기 위해서다. AU는 '아프리카의 문제는 아프리카가 해결한다'는 큰 틀의 기준을 두고, 역내에서 일어나는 쿠데타 등 여러 사태에 대처한다. 서구에서도 이를 지지하는 목소리가 높다. 더불어 국제 원조에 대해서도 지금과 같은 방식은 '밑 빠진 독에 물 붓기'란 지적이 나온 지 오래다. "눈 가리고 아웅 식의 원조를 과감히 줄이고, 빈곤 감소를 진지하게 원하는 소수의 국가에만 원조를 집중해 자연스럽게 경쟁을 이끌어내야 한다"[8]는 주장이다. 역시 아프리카 국가들 스스로 힘을 기르는 데 방점을 찍어야 한다는 제언이다.

▷

다시 〈블랙 팬서〉로 돌아오자. 나키아는 티찰라에게 세상 밖을 보라고 설득하며 이렇게 말한다. "그들은 고통받는데 나만 여기서 행복할 수 없어요. 가진 걸 나눠요. 원조해 주고 기술을 공유하고, 난민을 받아들여요. 와칸다는 남을 돕고 자신을 지킬 만큼 강해요." 그녀의 말에도 용기를 내지 못하던 블랙 팬서는 비브라늄을 탐내는 적들과 맞서 싸우며 조금씩 생각을 바꿔 나간다.

결정타는 적들의 끝에서 마주한 사촌 킬몽거(마이클 B. 조던Michael B. Jordan)와의 만남이다. 왕국에서 버림받고 미국에서 인종 차별을 겪으며 자란 킬몽거의 마음에는 증오가 가득하다. 그는 와칸다가 비겁하다고 비난한다. 아프리카를 넘어 전 세계 흑인, 즉 핍박받는 '동족'을 구하고 불평등을 해소하기 위해 비브라늄을 이용해야 한다는 거다. "전 세계에 우리처럼 생긴 20억 명이 힘겹게 사는데 와칸다에는 그들을 해방할 도구가 있다"고 외치는 그. 확실히 카리스마 넘치는 데다 설득력마저 갖춘 빌런이다.

킬몽거의 방법이 평화적일 리는 없다. 이제부터 벌어지는 둘의 싸움은 직접 확인해야 재미있으니 건너뛰고, 티찰라의 마지막 선택만 눈여겨보자. 그는 더 이상 꼭꼭 숨지 않는다. 부강한 나라의 힘으로 빈곤한 이들을 돕기로 마음먹는다. 그는 유엔UN 무대에 서서 이렇게 말한다.

"와칸다는 이제 방관만 하지 않을 겁니다. 우린 이 땅의 형제자매가 서로를 어떻게 도와야 하는지 본보기가 될 것입니다. 서로를 아끼고 지킬 방법을 찾을 겁니다. 마치 우리가 한 부족인 것처럼 말이죠."

〈블랙 팬서〉는 백인과 흑인 관객 모두를 만족시키기 위해 치밀하게, 어쩌면 영악하게 짜인 오락 영화지만 이 결말이 짜릿하고 의미심장한 것은 부인할 수 없다. 비록 할리우드에서 만든 영화지만 "원조하고 기술을 공유하고 난민을 받아들이며" 아프리카인, 흑인을 돕는 주체가 바로 아프리카인 그 자신이기 때문이다. 비브라늄이든 코발트든 무얼 이용하든 결국 국제사회의 모든 지원이 향할 지점은 이것이어야 한다. 아프리카와의 접점을 점점 확대하고 있는 우리 또한 이 점을 염두에 두고 협력에 나서야 한다.

맞다, 이 영화의 '킬포(킬링 포인트)'를 빼먹을 뻔했다. 블랙 팬서가 연설을 마치자 누군가 "세계 최빈국이 뭘 할 수 있겠느냐"고 묻는다. 이때 왕의 얼굴에 피어오르는 여유로운 웃음은 두 번, 세 번 봐도 질리지 않는다. 세계 최고 부자 나라라니까 왜들 이래.

우리가 불타면
당신도 불탄다

▶ ————————————————

〈헝거게임〉(2012~2015)

더운 나라인 건 알고 있었다. 그래도 이 정도일 줄은 몰랐다. 햇볕이 작정하고 살갗을 파고들었다. 하지만 찌는 듯한 더위보다 나를 더 곤혹스럽게 한 건, 이곳의 가난이었다.

캄보디아는 가난한 나라다. 최근 들어 경제가 성장하고는 있다지만 아직 1인당 GDP가 2,000달러가 안 되는 최저개발국(2023년 기준)이다. 1970년대 폴 포트[Pol Pot] 독재 정권 하에서 약 200만 명이 학살당한 '킬링필드'[1]의 아픔도 현재진행형이지만, 무엇보다 지금 이 나라를 지배하는 것은 지독한 가난이다. 앙코르와트, 톤레삽 호수 등 유명 관광지에는 외국인 관광객이 지나는 자리마다 구걸하는 이들이 있었다. 맨발의 아이가 많았다. 맑은 눈빛과 미소를 보면 그냥 지나치기 힘들었다. 부모는 아이를 앞세워 손을 내밀었다. 기민한 아이들은 한국인 관광객이 지나갈 때 한국어로 말했다. "언니 예뻐요, 목걸이 원 딸라!"

외면할 수가 없어 일주일 후면 툭 끊어질 게 뻔한 팔찌를 몇 개 샀다. 한 아이에게 돈을 건네는 순간 그 동네 아이

들이 죄다 내게 몰려왔다. 이걸 어쩌지. 노련한 가이드가 조
언했다. 구걸하거나 물건을 파는 아이에게 돈을 건네기 시
작하면 부모가 자식을 학교에 보내지 않게 되니 주지 말라
는 얘기였다. 그 말을 들은 후에는 돈을 건네지 않았다. 간절
함이 담긴 큰 눈을 외면하기란 여간 힘든 일이 아니었다.

▷

　세상은 점점 풍요로워지고 있지만 국가 간 불평등은
여전히 심각하다. 세계불평등연구소World Inequality Lab[2]가 내
놓은《세계 불평등 보고서 2022》에 따르면 전 세계 인구의
상위 10%가 전 세계 소득의 52%를 차지하고 있다. 하위
50%는 연 소득 3,920달러로 살아간다. 한 달에 약 45만 원
꼴이다. 소득이 아닌 부富의 불평등은 더 심각하다. 가장 부
유한 10%가 전체 부의 76%를 소유하고 있다. 오늘날 전
세계의 불평등은 20세기 초 서구 제국주의가 절정에 달했을
때만큼이나 심하다고 한다. 앞으로는 기후 위기와 인공지능AI
등 첨단 기술의 발달로 더 심해질 것이라니 가슴이 답답해
진다. 수억 명의 생존이 달린 만큼, 불평등이 우리 시대의 뜨
거운 화두인 것은 당연지사. 수많은 문화 콘텐츠가 빈곤과
불평등을 그리고 있는데, 그중에서도 내가 가장 흥미롭게

본 작품은 영화 〈헝거게임〉 시리즈(2012~2015, 1편 게리 로스Gary Ross, 2~4편 프란시스 로렌스Francis Lawrence 감독)다.

〈헝거게임〉 시리즈는 수도 캐피톨이 나머지 12개 구역을 지배하는 가상의 독재 국가 '판엠'을 배경으로 하는 판타지 액션 영화다. 캐피톨의 지배층은 이 체제를 유지하기 위해 매년 각 구역에서 청소년 2명을 선발하여, 총 24명이 마지막 1명만 살아남을 때까지 생존 싸움을 벌이는 '헝거게임'을 연다. 즐기는 곳은 캐피톨뿐, 모든 구역에 지옥 같은 일이다. 이야기는 가장 가난한 12구역에 사는 캣니스(제니퍼 로렌스Jennifer Lawrence)가 추첨에서 뽑힌 동생을 대신해 자원하며 시작된다. 죽음의 게임에 스스로 발을 디뎠다는 이유로 캐피톨 구경꾼들의 스타가 되는 그녀. 그러나 이 잔혹한 싸움에서 캣니스가 약한 이를 지키고, 캐피톨에 분노하는 모습이 생중계되며 사람들의 억눌린 마음에 불꽃이 인다. 그 불꽃은 어디로 향하게 될까.

엄청난 흡인력으로 관객을 빨아들이는 이 시리즈는 전 세계에서 크게 흥행해 29억 달러 넘게 벌어들였다. 영화에서 시민들이 캐피톨에 저항하기 위해 쓰는 수신호는 태국 등에서 실제 시위대가 쓸 만큼 '문화적 현상'이 되기도 했다. 작품 자체도 재미있지만, 스크린에서 현실의 양극화와 불평등을 마주하고 공명한 이들이 그만큼 많았다는 뜻일 테다.

내가 특히나 인상적으로 본 건 부유한 캐피톨과 가장 궁핍한 12구역의 대비였다. 최첨단 기기를 비롯해 모든 것이 풍요로운 캐피톨은 사람뿐 아니라 도시 전체가 총천연색으로 빛난다. 반면 잿빛으로 가득한 12구역에서는 사람들의 옷차림과 살림살이가 마치 중세 시대를 떠올리게 한다. 먹을 것이 넘쳐나는 캐피톨 시민들이 파티에서 더 먹기 위해 부러 '구토하는 약'을 먹을 때, 12구역 사람들은 굶주림 속에서 발버둥 친다. 이 구역에서도 가난한 축에 속하는 캣니스는 광산에서 사고로 죽은 아빠 대신 엄마와 동생을 부양하기 위해 위험한 산속에 들어간다. 사냥이라도 해야 굶어 죽지 않을 수 있다.

영화 속 캐피톨과 12구역의 대비는 지금 우리 세상과 크게 다를 것도 없다. 소셜미디어가 호화스러운 사진으로 채워지는 북반구[3] 나라들의 반대편에서는 여전히 수많은 사람이 요리를 하기 위해 나무 땔감으로 불을 지핀다. 마실 물을 구하기 위해 새벽부터 걸음을 서두른다. 굶주리고 죽어간다. 그런데 캐피톨과 12구역, 아니 지금 여기의 선진국과 최저개발국은 대체 왜 이렇게까지 차이가 나게 된 것일까.

▷

어떤 나라는 넘치게 잘살고 어떤 나라는 지독히 가난한 데 대해서는 다양한 연구가 이뤄졌다. 나라마다 자연환경과 기후가 다르고 가진 자원도 천차만별이니 부의 축적 정도가 다를 수밖에 없다는 지리적 원인을 짚기도 하고, 인구의 차이를 중요하게 보는 시각도 있다. 어떤 정치 체제와 제도로 국가를 운영하는지 역시 중요한 원인이다. 그러나 현재 선진국과 최저개발국 간 좁혀지지 않는 간극은 서구 제국주의 시대에서 기인했다는 것이 학자들의 공통된 분석이다.

15세기 르네상스가 꽃피던 유럽. 항해술을 비롯한 각종 기술이 발달하며 야심을 품은 이들이 바다로 나가기 시작했다. 새로운 무역로를 열고 시장을 개척하려는 열기는 대단했다. 이른바 대항해 시대(15~17세기)의 시작이었다. 스페인, 포르투갈, 영국 등은 아메리카 대륙에 진출해 그야말로 '빨대'를 꽂고 이 지역의 거의 모든 것을 수탈했다. 18세기 산업혁명으로 기술적 우위를 확고히 한 이후에는 유럽 국가 대부분이 전 세계로 뻗어나가 온 세상을 식민지로 만들었다. 서구 제국주의 시대였다. 영국을 위시한 제국주의 국가들은 아시아, 아프리카 등을 지독히 강탈했다. 산업화의 상징이라는 철도를 깔고 공장을 세웠는데, 이는 철저히 '수탈'을 위한 도구였다. 피지배 국가들이 스스로 내공을 쌓을 기회는 1940~60년대에 독립한 이후에야 찾아왔다.

독립을 하면 뭘 하나. 이미 털릴 대로 털려 기진맥진한 상태였기에 잘나가는 국가들을 상대하기엔 역부족이었다. 실력 차가 엄청났다. 어느 쪽으로 가야 할지 갈피를 잡지 못한 상황에서 1970년대 후반부터 불어닥친 신자유주의적 세계화는 양극화를 부채질했다. 잘사는 서구사회와 기존 식민지였던 국가들 사이에는 체급 차이가 있는데도, 같은 조건에서 경쟁해야 했기 때문이다. 남반구 국가들은 원자재를 주로 수출하는 반면 북반구 국가들은 더 부가가치가 높은 물건들을 팔았다. 카카오나 면화를 내다 팔며 TV를 사려니 손해를 볼 수밖에. 식민 지배를 받았던 데다 내전까지 겪어 피폐했던 우리나라가 선진국 반열에 오른 것[4]이 지금까지도 '기적'이라 불리는 이유다. 그만큼 그런 나라가 흔치 않다.

그렇다고 산업화를 하지 않을 도리는 없으니 가난한 나라들은 부자 나라에 돈을 빌려야 했는데, 그게 또 족쇄가 됐다. 세계은행[WB], 국제통화기금[IMF]과 같은 서구 중심의 국제기구들은 가난한 나라에 돈을 빌려주며 여러 조건을 내걸었다. "서구 자본주의 방식으로 산업화하고 국가 인프라를 개발하라는 취지"[5]였다. 부자 나라에 맞춰진 방식이니, 부자 나라에 유리한 면이 컸다. 〈헝거게임〉에서 캐피톨이 폭력으로 다른 구역들을 지배한다면, 현실에서는 북반구가 남반구 국가들을 '빚'으로 내리누르고 있는 셈이다.

▷

제국주의 시대도 아닌데 부유한 나라를 '악'이라고 비난하려는 것은 아니다. 북반구 국가들은 억울할지도 모른다. '공적개발 원조^{ODA}'라는 이름으로 남반구를 꾸준히 돕고 있으니 말이다. 하지만 아쉽게도 불평등을 개선하기에는 원조 금액이 턱없이 모자라다. 1970년 UN은 선진국들이 국민총소득^{GNI}의 0.7%를 개발 원조에 쓰자는 목표를 내걸었는데 이 약속은 잘 지켜지지 않고 있다. 지난 2022년 선진국들이 개발 원조에 쓴 돈은 사상 최고치인 2,040억 달러에 달했지만, 'GNI 대비 ODA 비율' 평균치는 0.36%에 불과했다.[6] 무려 50여 년 전 약속인데도 여태 지켜지지 못하고 있는 거다. 그래서 남반구가 북반구에 진 빚을 좀 깎아 주면 어떻겠느냐는, 그러니까 '부채 탕감'을 적극적으로 해야 한다는 목소리가 커지고 있다.

문제는 가난한 나라에 돈을 더 퍼주든 빚을 탕감해 주든 나라 곳간에 여유가 있어야 가능한 일인데, 그 돈을 어디에서 구하느냐다. 여기서 불평등 이슈를 두고 빠지지 않는 첨예한 단어가 등장하니, 바로 '부유세'다.

부유세는 일정액 이상의 자산을 보유하고 있는 '부자'에게 비례적 혹은 누진적으로 부과하는 세금이다. 현재 스위스 등 일부 국가에서 시행 중이다. 국제기구와 학자들은 각국이 초고액자산가에게 부유세를 걷어 '부의 재분배'를 위해 써야 한다고 말한다. 《세계 불평등 보고서 2022》에 따르면 전 세계 백만장자(자산 100만 달러 이상)에 대해 실효세율을 1%p만 늘려도 전 세계 소득의 1.6%에 해당하는 돈을 확보할 수 있다. 국제구호단체 옥스팜은 더 강하게 밀어붙인다. "전 세계 백만장자에게 2%, 5,000만 달러 이상 자산가에게 3%, 억만장자에게 5%의 부유세를 부과할 경우 매년 1조 7,000억 달러의 세금을 더 걷어 20억 명을 빈곤에서 구할 수 있다"[7]면서. 그러나 부자들은 세금을 내지 않으려고 자산을 해외로 옮길 게 뻔하고, 정부의 통장만 '텅장(텅 빈 통장)'이 될 것이란 반론도 만만치 않다. 스웨덴 등 여러 나라가 이런 이유로 부유세를 폐지했다. 몇몇 나라에서만 힘을 쓸 일이 아니라 다 같이 고민해야 하는 일인 것이다.

부유한 개인과 기업의 탈세, 조세 회피 등 '조세 불응'을 막는 일도 국제사회가 함께해야 한다는 의견이 높다.

기업에 법인세 등을 거의 매기지 않고 금융거래를 익명으로 할 수 있게 해 돈세탁을 돕는 국가와 지역을 '조세 회피처'라고 한다. 바하마, 버뮤다 제도 등이 대표적이다. 세금을 내기 싫은 기업들은 이런 곳을 찾아 '페이퍼 컴퍼니paper company'를 설립해 세금을 회피한다. 걷어야 할 세금이 걷히지 않으니 국가로는 골치 아픈 일이다. 그래서 EU와 UN 등 국제기구가 이 문제에 공동 대응하기 위해 분주하다.

실은 '국가 간 불평등'만 문제가 아니다. 살갗으로 와닿는 건 외려 '국가 내 불평등'이다. 선진국에서도 애를 먹고 있고, 우리도 마찬가지다. 최근 전 세계에 이름을 떨친 국내 콘텐츠 두 작품, 영화 〈기생충〉(2019, 봉준호 감독)과 드라마 〈오징어 게임〉(2021, 황동혁 감독)이 모두 양극화를 다루고 있다는 점은 의미심장하다. 국가 내 불평등 해소에 대해서도 세금을 통한 부의 재분배, 사회 복지망 확충 등 크게 다르지 않은 조언이 나온다.

누군가는 왜 이렇게까지 노력해야 하느냐고 물을 수 있다. 나보다 힘든 자를 돕는 게 인간의 도리라며 뻐길 수 있다면 멋지겠는데, 수많은 사람이 불평등 해소에 안간힘을 쓰는 데는 보다 현실적인 이유가 있다. 《총 균 쇠》로 유명한 세계적인 석학 재레드 다이아몬드Jared Diamond의 말을 빌리는 편이 좋겠다.

"지금처럼 세계화된 세계에서는 가난한 국가의 가난이 더는 그들만의 문제가 아닙니다. 우리 문제이기도 합니다. 그들의 가난이 우리에게 피해를 줍니다. 과거에 해외 원조와 자선 프로그램은 부유한 국가와 집단이 베푸는 고결하고 이타적인 관용으로 여겨졌지만, 요즘에는 더 이상 너그러운 관용의 행위가 아닙니다. 계속 풍요를 유지하며 편안히 살고 싶은 욕심에 행하는 이기적인 행위로 여겨집니다."[8]

가난한 나라의 공중보건 악화로 전 세계에 질병이 퍼지면 선진국 사람도 고통받고, 국가 간 빈부 차로 이민자가 늘고 테러가 빈번해지면 이 또한 선진국의 사회문제가 된다는 설명이다. 재레드 다이아몬드가 "그들의 가난이 피해를 준다"는 다소 과격한 문장을 쓴 것은, 반드시 다른 나라를 도와야 한다는 주문으로 들린다.

더 와닿는 말이 필요하다면 〈헝거게임〉을 다시 보자. 캐피톨의 압제를 견디다 못한 사람들은 마침내 혁명을 일으킨다. 이 혁명에 불꽃을 당긴 이는 우리의 캣니스다. 반란군의 상징이자 선봉장이 된 그녀는 캐피톨로 전진한다. 그리고 독재자 스노우 대통령(도널드 서덜랜드Donald Sutherland)을 향해 소리친다. "우리가 불타면 당신도 불탄다."

▷

그날도 햇볕은 뜨거웠다. 캄보디아에서의 마지막 날, 작은 아이를 안은 맨발의 소년이 내게 다가왔다. 기어들어 가는 목소리로 "원 딸라"를 달라고 하는데, 나는 어쩔 줄 모르다 눈길을 피해 버리고 말았다. "주지 않는 게 이 아이를 돕는 길일 거야"라며 부러 딴청을 피웠다. 그때 내 동생이 소년에게 다가가 부채질을 해주기 시작했다. 나는 잠시 숨을 멈추고 그 장면을 바라봤다. 소년은 큰 눈을 몇 번 끔벅이더니 주위를 두리번두리번 살폈다. 그리고 가만히 서서 바람을 맞았다. 부채는 제법 컸고 바람은 힘차게 펄떡였다.

불평등이나 기후 위기와 같이 압도적인 문제 앞에 서면 미물이 된 느낌이 든다. 일단 우리 각자, 개개인이 지금 할 수 있는 걸 하자고 굳게 마음먹지만 가장 효율적이고 가장 정확한 방법이 무엇인지 고민하느라 시간을 흘려보낸다. 다른 사람은 모르겠고, 나는 그랬다. 그날 캄보디아에서도 그런 고민을 하고 있었는데 동생이 아이에게 부채질을 해준 것이었다. 그 부채질이 얼마나 시원하고 아름답던지.

그때 이후로 조금 생각을 바꾸게 된 것 같다. 냉철한 판단력으로 가장 효율적인 방법을 찾지 못해도 좋으니, 아니 어차피 그런 방법을 내가 찾을 수도 없을 테니 그냥 마음이

가는 대로 오늘의 밥을 떼자고. 누군가는 공정 무역의 발자국을 꼼꼼히 찾아 '착한 소비'를 하겠고, 더 적극적인 사람이라면 직접 봉사활동에 나설 수도 있겠지만, 나는 그냥 좋은 일이 있을 때마다 자주 찾는 구호단체 홈페이지에 들러 '일시 후원'을 한다. 정기 후원을 하면 무감각해질까 봐 이 방법을 택했다. 번거로워 회원가입도 안 했다. 그냥 한다. 지금 내 손에 쥐고 있는 부채로, 부채질을 하듯.

세계의 불평등을 완벽하게 해소하는 일은 힘들 것 같다. 책을 읽고 보고서를 뒤져 볼수록 그런 생각은 더 짙어진다. 그럼에도 '불평등의 정도'는 줄일 수 있겠다는 확신은 든다. "불평등은 정치적 선택"[9]이기 때문이다. 단순히 생각해 봐도, 이토록 풍요로운 세상에서 우리 곁의 누군가가 적어도 배고파 죽는 일은 없어야 하지 않을까.

"우리가 불타면 당신도 불탄다"며 분노를 삼키지 못하던 캣니스는 끝내 평화를 쟁취한다. 이 작품은 자식을 절대로 낳지 않겠다고 냉소하던 캣니스가 아이들을 낳고 기르며 미소 짓는 모습으로 끝난다. 나는 이 결말이 좋았다. 누군가에게 "여기 살 만해"라고 말할 수 있는 세상을 만들어 주는 일은, 그 어떤 것과도 비교하기 힘든 귀한 일이다. 그것이 부유세를 걷는 일이든 부채질이든, 무엇이든.

그때 누군가는
죽어가고 있었다

▶ ───────────────

〈비거 스플래쉬〉(2015)
〈더 스위머스〉(2022)

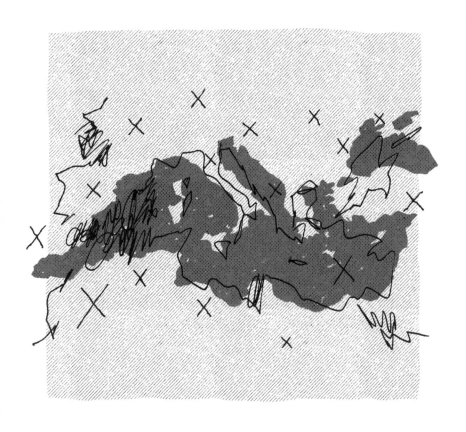

문득, 이유 없이 인생에 끼어드는 영화들이 있다. 밥을 먹거나 설거지할 때 갑자기 불쑥 언젠가 본 영화 속 한 장면이 나타나 머릿속을 휘젓는다. 한 번 떠오른 후엔 쉬이 사라지지 않고 며칠간 맴돌기도 한다. 정작 영화를 볼 때는 별생각 없이 지나쳤던 장면들이라 때로는 당혹스럽다. 대개는 겹겹이 깔아둔 이야기가 많은 작품들이다. 이를테면 〈비거 스플래쉬〉(2015, 루카 구아다니노Luca Guadagnino 감독)처럼.

세계적인 록스타 마리안(틸다 스윈튼Tilda Swinton)과 그의 남자 친구 폴(마티아스 쇼에나에츠Matthias Schoenaerts)은 이탈리아 남단 판텔레리아섬에서 달콤한 휴가를 보내는 중이다. 뜨거운 햇볕 아래 거리낄 것 없이 사랑을 나누는데 전화 한 통이 걸려온다. 마리안의 전 남자 친구인 해리(랄프 파인즈Ralph Fiennes)와 그의 딸 페넬로페(다코타 존슨Dakota Johnson)가 갑작스레 이들의 휴가에 끼어들며 네 사람 사이에서는 욕망과 질투와 파멸의 기운이 이글이글 타오르기 시작한다.

마리안과 해리, 해리와 폴 사이에 속내를 알 수 없는 대화가 오가는 사이 "브로커가 난민들을 버려두고 갔다"는 뉴스가 흐른다. 누구도 관심이 없다. 다음날 산책을 나온 이들 앞에는 아름답고 깊은 지중해가 펼쳐져 있다. 해리는 말한다. "튀니지가 저기에 있어. 재스민(튀니지의 국화國花) 향이 나는 것 같군."

참 잔잔하고 고요한 씬. 별 대단한 것도 없는 대사. 그런데 내겐 이 장면이 왜 그리 자주 떠올랐을까. 시도 때도 없이 고개를 드미는 이 작품의 잔상을 억지로 밀어내던 그즈음, 한 수영 선수 자매의 실화를 다룬 영화 〈더 스위머스〉 (2022, 셀리 엘 호세이니Sally El Hosaini 감독)를 보게 됐다.

〈비거 스플래쉬〉에서 해리가 재스민 향을 맡던 그때, 사라(마날 이사Manal Issa)와 유스라(나탈리 이사Nathalie Issa)는 밧줄에 몸을 묶고 칠흑 같은 바다로 뛰어들었다. 다른 난민들과 함께 타고 있던 고무보트가 지중해 한가운데서 고장 나버렸기 때문이다. 이들 자매는 보트를 끌고 헤엄친 끝에 겨우 그리스 레스보스섬에 도착한다. 죽을 고비를 넘기고 육지를 밟은 이들의 눈앞에는 무엇이 있었을까. 이 순간 〈더 스위머스〉에서 가장 압도적으로 슬픈 장면이 펼쳐진다.

그 섬에는 거대한 산이 있었다. 버려진 구명조끼가 쌓이고 쌓인 아주 거대한 산.

공교롭게도 〈비거 스플래쉬〉가 개봉한 2015년은 사라와 유스라가 시리아에서 탈출한 해다. 2011년 내전이 발발한 시리아에서만 100만 명 이상이 유럽으로 밀려들어와 '유럽 난민 위기'가 일었던 바로 그해 말이다. 그러니까 누군가 바다를 보며 재스민 향이 난다고 낭만을 중얼거리던 때, 누군가는 그곳에서 죽어가고 있었던 거다.

▷

'난민'은 이제 너무 익숙해져 버린 단어다. 그러나 익숙해졌다고 해서 중요하지 않은 것은 아니다. 오히려 문제는 점점 더 심각해지고 있다. 분쟁과 박해, 폭력 등을 피해 '강제로' 집을 떠난 사람의 수는 2022년에 사상 처음으로 1억 명을 돌파한 이후 계속 늘고 있다. 이 중 3,640만 명이 제 나라를 떠난 난민(2023년 기준)이다. 2018년에서 2022년 사이 난민으로 태어난 아이는 190만 명에 달한다.[1]

그렇다면 정확히 어떤 사람들을 난민이라고 하는 걸까.

"인종·종교·국적·특정 사회 집단의 구성원인 신분 또는 정치적 견해를 이유로 박해를 받게 될 것이라는 충분한 근거가 있는 공포 때문에 자국 국적 밖에 있는 자 및 자국의 보호를 받을 수 없거나 그러한 공포 때문에 자국의 보호를 받기를 원하지 않는 자."

이것이 UN《난민 지위에 관한 의정서》(1967년)에 적힌 난민의 정의다. 전쟁, 폭력, 기아, 기후 위기 등 여러 이유로 생존의 위협을 느껴 나라를 떠난 사람이 바로 난민이다. 인류가 문명을 건설한 이후 난민이 없던 때는 아마도 없었을 거다.

그나마 '차가운 평화'가 큰 전쟁을 억제하던 냉전 시기에는 비교적 조용했던 난민 문제가 최근 들어 왜 세계적인 이슈가 됐을까. 기폭제가 된 건, 2010~2012년 중동·북아프리카 국가들에서 일어난 민주화 운동인 '아랍의 봄'이다. 2010년 12월 튀니지의 한 도시에서 20대 노점상 청년 무함마드 부아지지Mohamed Bouazizi가 뇌물을 요구하는 공무원에게 항의하며 분신해 숨진 일이 시작이었다. 분노한 시민들이 거리로 뛰쳐나와 독재자 벤 알리Ben Ali 대통령을 끌어내렸고, 혁명의 불길은 사정이 비슷한 이웃 나라들로 번졌다. 정치적 압제와 생활고를 견디지 못한 시민들이 여기저기서 들고 일어났다. 그러나 봄은 쉽게 오지 않았다. 대부분의 나라가 민주화를 이루기는커녕 내전 등 더 큰 혼란을 맞았다. 지중해를 건너 유럽으로 향하는 고무보트에 점점 더 많은 사람이 몸을 싣기 시작했다. 그 수는 계속 늘어 2015년, 앞서 말한 유럽 난민 위기가 터지고 말았다.

　방관하던 유럽은 당황했다. 가뜩이나 경제도 어려운데 난민들이 몰려오면 일자리를 빼앗길 것이라는 위기감, 범죄가 늘어날 거란 근거 없는 두려움이 유럽 전체를 '난민 공포'로 몰아넣었다. '이주민이 경제 발전에 도움이 된다'는 긍정적인 연구 결과도 분명 있었지만, 이미 두려움과 경계심에 가득 찬 사람들에게 들릴 턱이 없었다. 이런 난민 혐오를 정치적 자산으로 삼으려는 세력도 늘어만 갔다. 극우 정당들은 유럽 이곳저곳에서 빠르게 힘을 키워갔다.

　상황은 심각해지는데 유럽의 난민 정책이란 게 참 부실했다. 1997년 발효된 '더블린 조약'을 통해 '난민이 처음 도착한 국가에서 난민 신청을 하도록 하자'고 약속한 것 정도였다. 난민이 이 나라 저 나라에 난민 신청을 하는 '망명지 쇼핑'을 막기 위한 것이었다. 하지만 그 수가 너무 많아지자 빨간불이 켜졌다. 난민이 첫발을 내딛기 마련인 지중해 인근 국가 그리스, 이탈리아, 스페인 등의 불만이 폭발했다.

　"난민이 처음 도착한 국가에서 다 책임지라고? 우리 보고 이 많은 사람을 어떻게 다 받으라는 거야! 못 해, 안 해!"

　문제는 다른 유럽국 또한 난민을 받을 생각이 손톱만큼도 없었다는 사실이었다. 보다 못해 큰형님 독일이 나섰다.

수많은 난민의 최종 목적지는 대개 경제가 가장 발전한 독일이었는데, 실제 이 나라는 EU에서 가장 입김이 세기도 했다. 당시 독일 총리이던 앙겔라 메르켈Angela Merkel의 주도로 유럽은 2015년 9월 일단 기존 난민을 각 국가에서 분산 수용하는 데 합의한다. 튀르키예 해안에서 모래사장에 얼굴을 묻고 숨진 채 발견된 세 살 아이 알란 쿠르디Ailan Kurdi의 사진으로 전 세계인이 난민 문제에 공분하던 때였다.

그러나 약속은 잘 지켜지지 않았다. 헝가리, 폴란드 등이 경제 상황이 안 좋다는 이유로 난민 수용을 극구 거부했고, 다른 나라들도 슬쩍 발을 뺐다. 그냥 받지 않는 정도가 아니었다. 유럽은 난민을 적극적으로 밀어냈다. EU의 '유럽 국경·해안 경비청Frontex(프론텍스)'은 국경을 수비한다며 바다에서 난민들을 폭력적인 방식으로 내쫓았다. 이런저런 이유로 보트가 뒤집혀 익사한 난민들의 이야기는 너무 많아 보도조차 되지 않을 정도였다.

지금 이 순간에도 난민들은 구명조끼 하나에 의지해 목숨을 걸고 보트에 올라타고 있지만, 유럽 땅을 밟는다 해도 상황은 처참하다. 받아주는 곳이 없어 그리스나 이탈리아의 수용소가 포화 상태에 이른 탓이다. 스위스 학자 장 지글러Jean Ziegler는 저서《인간 섬》에서 레스보스섬 난민 수용시설

의 참담함을 고발한다. 사라와 유스라 자매가 도착한, 구명
조끼가 산처럼 쌓여 있던 바로 그 섬이다. 썩은 배급 음식,
100명 이상이 함께 써야 하는 화장실 등 인간의 기본적인
존엄조차 지킬 수 없는 환경에서 무엇보다 사람들을 절망하
게 하는 것은 끝없는 기다림이다. 난민 자격을 받기 위해 기
다리다 그 좌절감을 이기지 못해 자살하는 사람도 많다고
한다. 목숨을 걸고 거센 파도를 건너온 이들이 그렇게 죽어
간다고, 노학자는 분노한다.

　　진통 끝에 EU는 2023년 12월 회원국들이 난민 신청자
를 나누어 수용하고, 받기 어려운 경우 EU에 기금을 내는
방식의 '신新 이민·난민 협약'을 타결했다.[2] 그리스나 이탈리
아 등에만 난민이 쏠리지 않도록 하겠다는 취지다. 그러나
돈을 내고 난민을 받지 않을 수 있게 돼 도리어 난민 거부국
이 늘어날 수 있다는 우려가 나온다. 심지어 영국과 이탈리
아 등 일부 국가는 난민 신청자를 제3국으로 보내는 '외주
화'를 추진했거나, 현재 진행 중이다.[3] 자국에 이주하기를 바
라는 난민 신청자를 일단 타국으로 보내 심사하겠다는 얘기
다. 이 과정에서 난민들이 본국으로 강제 송환될 가능성이
높아지는 탓에 비판은 커지고 있다.

　　유럽뿐 아니다. 미국 국경에서도 모습을 달리한 비극이

벌어지고 있다. 기아와 폭력을 피해 중남미를 떠나온 이들이 사막이 펼쳐진 미국-멕시코 국경으로 몰려들고 있다. 이민자들이 건국한 나라지만 미국의 대응은 혹독하기 이를 데 없다. 특히 트럼프는 재임 기간(2017~2021년) '멕시코 장벽'을 세우는 등 이들을 무자비한 방식으로 쫓아내고 탄압했다. 조 바이든Joe Biden 정부(2021년 취임)에서도 상황은 크게 달라지지 않았다.[4] 뿔뿔이 흩어진 가족, 국경을 넘다가 숨진 사람들의 이야기는 계속 들려온다.

우리라고 다를까. 예멘 전쟁을 피해 온 난민들이 제주도에 입국한 2018년 당시, 호락호락 받아주면 안 된다고 온 나라가 들끓었던 기억이 서글프다. 우리 역사에도 수많은 난민이 있었는데 말이다. 한국 정부의 난민 인정률은 2.03%(2022년 기준)에 불과하다. 경제협력개발기구OECD 국가들의 평균 인정률은 23%다.[5]

▷

낯선 사람에 대한 경계는 인간의 본성이다. 전학생에게 모두가 다정하게 대하는 학급은 없다. 그러나 더 나은 환경으로 이주하는 것 역시 인간의 본능이다. 《인류, 이주, 생존》을 쓴 과학 저널리스트 소니아 샤Sonia Shah는 이를 두고 아예

'호모 미그라티오^{Homo migratio}(이주하는 인간)'라고까지 말한다. 쫓아내거나 탄압한다고 해결될 문제가 아니라는 명쾌한 주장이다. 하긴, 어떻게 '이주'를 빼놓고 인류의 역사를 논하랴. 따지고 보면 우리는 모두 아프리카를 박차고 나온 먼 조상의 후손인데.

막을 수 없다면 최대한 갈등이 덜 이는 방향으로 받아들여야 한다. 그래서 사회적 합의와 교육이 중요하다고 나는 생각한다. 낯선 자에 대한 두려움을 가라앉히고 공생이 가능함을 설득하는 일은 지난하겠지만 이 시대에 필요한 일이다. 함께 어울려 살아갈 수 있도록 제도를 개선하고 아이들을 세계 시민으로 키워내는 교육을 단단히 한다면, 이런 합의가 더 쉬워지지 않을까.

무엇보다 중요한 것은 처음부터 난민이 발생하지 않도록 국제사회가 공조하는 일이다. 이는 난민 문제를 다루는 기관과 전문가들이 가장 강조하는 점이기도 하다. 이런 주장에는 난민 발생에 국제사회의 책임이 일부 있다는 반성이 깔려 있다. 최근 난민이 가장 많이 발생한 곳은 시리아, 아프가니스탄, 우크라이나 3개국인데 모두 전쟁이 일어났거나 심각한 탄압이 자행되는 나라이다. 강대국을 비롯한 주변국 역시 이 암울한 일에 책임이 있다. 가령 시리아 내전은 러시아, 이란, 사우디아라비아 등 주변 나라들이 제 이익을 셈하며 끼어들어 더욱 커진 '국제 대리전'이었다. 방조한 나라는 방조한 대로 잘못이 있는 만큼 이런 갈등을 해결하는 데 함께 머리를 맞대야 한다. 난민이 다시 고향으로 돌아갈 수 있게 도와야 한다. 하지만 현실은 암담하다. 2023년 상반기 기준, 고국으로 돌아간 난민은 40만여 명에 불과했다.[6]

▷

〈더 스위머스〉 속 자매는 천신만고 끝에 독일에 도착한다. 동생 유스라는 지독한 좌절 속에서도 수영에 대한 꿈을 놓지 않은 덕에 2016 리우데자네이루 올림픽에 난민팀으로 출전하게 된다. 그야말로 기적이었다. 다만 언니 사라는 그리스에 도착했던 때 본 '구명조끼 산'을 잊지 못했다. 결국 난민을 돕기 위해 그리스를 오가며 일하다 2018년 체포되었고, 추후 보석으로 풀려났다. '밀입국 범죄'에 가담했다는 혐의, 그러니까 다분히 정치적인 이유였다. 난민의 꿈이 유스라라면 그 현실은 사라다. 나는 이 영화를 보며 많이 울었다. 그리고 〈비거 스플래쉬〉의 그 장면이 왜 그토록 자주 떠올랐는지 마침내 깨달았다. 그것은 죄책감이었다.

'뉴스에서 아무리 난민 얘기를 떠들어 봐야 부유한 당

신에게 지중해는 그저 재스민 향이 넘실대는 아름다운 바다일 뿐이지.' 이렇게 해리를 비웃던 나는 사실 그와 다를게 없었다. 쉴 새 없이 쏟아지는 보도들에 무감각해져 있었다. 실은 큰 관심이 없었던 것 같기도 하다. 먼 곳에서 일어나는, 먼 사람들의, 먼 슬픈 이야기. 그런데 사라와 유스라의이야기가 가슴에 훅 들어와 죄책감을 일깨운 것이었다.

두 시간 내내 난민에 털끝만큼의 관심도 보이지 않던 〈비거 스플래쉬〉의 연인 마리안과 폴은 탐욕과 질투가 빚어낸 어떤 비극이 벌어지고 나서야, 난민을 떠올린다. 그리고 이용한다. 난민을 이용한 일까지야 모르겠지만 대부분 우리의 현실은 〈비거 스플래쉬〉와 가깝다. 관련된 뉴스는 그저흘러가고, 흘러간다. 수없이 많은 난민 영화 중에서도 유독이 작품이 떠오르는 건 그래서인 것 같다. 난민의 비참함이아니라, 우리의 태도에 이토록 세련된 한 방을 먹이는 작품은 흔치 않으니까. 난민 문제를 해결하는 첫걸음이 관심이라는 점을 생각하면 더 묵직한 한 방이다.

언젠가부터는 문득, 불쑥 〈더 스위머스〉의 장면들이 떠오른다. 특히 유스라를 불쌍한 난민 소녀가 아니라 유망한수영 선수로 관심 있게 지켜보는 독일인 코치의 눈빛이 좋았다. "나는 꿈을 이루지 못했지만 너는 할 수 있다"고 용기를 북돋는 그의 말도. 그래, 이런 장면들이라면 얼마든지 찾아와도 좋아. 내 잔잔한 일상쯤이야 마음껏 휘저어도 괜찮을 것 같다.

덧붙이는 말

〈비거 스플래쉬〉를 연출한 루카 구아다니노 감독은 〈아이 엠 러브〉(2011), 〈콜 미 바이 유어 네임〉(2018), 〈본즈 앤 올〉(2022) 등을 통해 사랑과 욕망을 섬세하게 다루며 자신만의 장르를 구축해 왔다. 〈비거 스플래쉬〉는 자크 드레이Jacques Deray 감독의 1969년작 〈수영장〉을 리메이크한 작품이다. 구아다니노 감독과 주연 배우 틸다 스윈튼은 2015년 부산국제영화제에 이 영화를 들고 참석하기도 했다. 이때 기자회견에서 "난민에 대한 영화 같다"는 질문이 나오자 틸다 스윈튼은 "정치 영화도 코미디 영화도 아니다"며 "인생의 모든 요소를 조금씩 담고 있는 영화"라고 짧게 답한 바 있다.

미국 vs 중국,
지구는 누가 구할까

▶ ──────────────

〈유랑지구〉(2019)
〈아메리칸 팩토리〉(2019)

중국의 한 지하도시. '이번에 지상에 올라가면 돌아오지 않을 거야.' 굳게 마음먹은 류치(취추샤오屈楚萧)는 치밀한 계획을 짜 동생 한둬둬(자오진마이赵今麦)와 함께 지하도시를 막 빠져나왔다. 17년 전 우주로 떠난 후 돌아오지 않는 아빠 류페이창(우징吳京)에 대한 그리움이 지상을 향한 동경이 된 지 오래다. 그러나 그토록 보고 싶었던 바깥세상은 모든 것이 얼어붙은, 얼음의 도시다. 기후 재앙이 닥친 거란 추측은 접어두자. 지구는 더 심각한 위기에 빠졌으니까.

2075년. 태양이 급격히 노화해 부풀어 오르며 태양계가 멸망 위기에 처하자, 연합정부는 지구를 다른 은하계로 옮기는 '유랑지구 프로젝트'에 착수한다. 곳곳에 행성 엔진을 건설해 지구를 움직이는 한편, 지구와 동행할 우주정거장에 항해사도 파견했다. 지표면 온도는 영하 70℃로 떨어져 사람들은 지하도시에서 살고, 엔진 기술자 등 소수만 지상을 오가는 중이다.

그러나 혈기 왕성한 젊음을 어떻게 막으랴. 류치는 기

어이 지상을 보겠다며 올라왔는데, 목성의 인력引力(끌어당기는 힘)에 지구가 빨려 들어가며 초유의 위기가 닥치고 만다. 하나둘 고장 나는 행성 엔진. 류치와 한둬둬는 집으로 돌아가는 대신 엔진 복구대에 합류한다. 그러나 목성의 인력이 워낙 센 탓에 복구가 쉽지 않다. 마침내 연합정부도 모든 것을 포기하는데 그 순간 류치가 소리친다. "목성과 지구의 대기가 섞이면 폭발할 수 있지 않아? 수소와 산소가 만났으니 성냥만 있으면 돼." 행성 엔진을 이용해 강렬한 불꽃을 뿜어 목성에 불을 붙이자는 얘기다. 그럼 폭발이 일어날 테고, 그 힘으로 목성이 지구를 밀어낼 테지. 이제 류치와 동료들 그리고 우주정거장의 류페이창까지 힘을 합쳐 지구 구하기 대작전이 시작된다.

이 영화의 제목은 〈유랑지구〉(2019, 궈판郭帆 감독). 왠지 줄거리가 익숙하다면, 당신은 20여 년 전 개봉한 〈아마겟돈〉(1998, 마이클 베이Michael Bay 감독)을 떠올렸을지 모른다. 우주 재난이 닥치지만 영웅의 희생으로 이를 극복한다는 전형적인 할리우드 스토리의 전개를 충실히 따른 SF영화라서다. 다른 점이 있다면 중국 영화라는 것. 연합정부가 있다지만 영화에서 난관을 해결할 열쇠를 찾고, 이를 실행하고, 희망을 포기하지 말라며 전 세계인에게 용기를 북돋고, 가장 중요한 순간에 희생하는 사람들은 죄다 중국인이다. 중국에서만 약 7억 달러 수익을 올리며 대흥행했고, 인기에 힘입어 속편도 나왔다. 억지로 눈물을 쥐어짜는 어색한 부분과 오글거리는 대사가 많아 촌스러운 느낌이긴 해도 컴퓨터그래픽^{CG}을 활용한 볼거리는 할리우드 대작 저리 가라다. 국내에서도 흥행 여부와 관계없이 중국 블록버스터의 성장에 많은 이가 놀랐던 게 사실이다.

대놓고 '중국이 최고'라고 내세운 애국 영화는 아니지만, 이제 우주에서도 중국이 앞서 나갈 것이라는 메시지가 전반에 깔린 〈유랑지구〉를 보며 궁금해졌다. 이 영화를 보는 미국의 심정은 어떨까. 분명 이 세상의 모든 영웅이 미국인일 때가 있었는데 말이다.

▷

1등과 2등의 부딪침은 숙명인 걸까. 이 순간 전 세계가 숨죽여 바라보는 단 하나의 링이 있다면, 세계 최강자 미국과 그 뒤를 바짝 쫓는 중국의 패권 경쟁 무대일 것이다. 신흥 강국이 부상하면 기존의 강대국이 이를 견제해 전쟁이 발발한다는 뜻의 '투키디데스의 함정',[1] 미국과 소련이 경쟁했던 냉전 시기가 다시 온 것 같다는 의미의 '신냉전'이란 말은 이미 유행을 넘어 시대를 규정하는 용어가 됐다.

지금은 상상하기 힘들지만 두 나라가 처음부터 다퉜던 것은 아니다. 덩치는 크지만 가난하고 고립됐던 공산주의 국가 중국을 세계 시장에 끌어들인 건 사실, 미국이었다. 미국은 냉전 시기 소련 견제를 위해 중국과 1979년 정식으로 수교했고, 2001년 중국이 세계무역기구WTO에 가입하는 데 큰 역할을 했다. 이후 두 나라는 경제 부문에서 적극적으로 협력하며 '윈윈'을 추구했다. 중국은 '세계의 공장'이 됐다. '차이메리카Chimerica(중국과 미국의 합성어)'란 말이 뜨거운 화두가 될 정도였다. 그러나 점점 부강해진 중국이 미국을 위협할 만큼 성장하자 상황은 달라졌다.

우선 무역 적자가 많아도 너무 많았다. 2017년 미국 대통령으로 취임한 트럼프가 가만 보니 자신의 '위대한 미국'은 너무 손해 보는 장사를 하고 있었다. 당시 미국의 대對중국 무역 적자, 즉 중국과의 무역에서 손해를 본 금액은 무려 3,460억 달러(2016년 기준)에 달했다.[2] '그 많은 물건을 전 세계에 팔도록 도와준 게 우리였는데, 자유무역 하자고 문 다 열어 줬더니 너희는 시장 개방도 안 하고 기업에 보조금을 줘? 얼씨구, 베끼는 데는 선수네!' 중국이 사실상 보호 무역을 하고 있다는 데 화가 난 트럼프는 중국에서 들어오는 상품에 관세를 왕창 매기는 방식으로 보복했다. 본격적인 무역전쟁의 시작이었다.

무역 적자만이 문제가 아니었다. 미국이 최강대국의 지위를 유지하는 데는 세계 최고 수준의 첨단 기술이 든든히 받쳐주는 덕이 컸다. 그런데 중국의 기세가 무서웠다. 중국은 '중장기 과학기술 개발계획'(2006년), '중국 제조 2025'(2015년)[3] 등을 연달아 발표하며 발톱을 드러내었다. 더는 세계의 공장에 머물지 않고, 핵심 기술·제조 분야를 제패하겠다는 야심. 그 야망은 우주로까지 뻗었다. 중국의 우주 굴기에 대한 꿈이 묻어나는 영화가 앞서 말한 〈유랑지구〉다. 미국은 불안해졌다. 첨단 기술 분야에서 잠식당하면 뒤처지는 건 한순간이 될 터였다.

▷

미국이 시선을 바깥으로 돌려보니 더욱 가관이었다. 중국은 한 손에 차이나 머니를, 다른 한 손에는 '일대일로 프로젝트' 깃발을 들고 세계를 휘젓고 다니고 있었다. 세계 경찰 노릇을 내려놓으려던 미국에 이 나라는 대단히 거슬렸다. 시진핑習近平 중국 국가주석이 결정적 한 방을 날린 건 2023년 3월이었다. 중동에서 세력을 키워 가던 중국이 이 지역의 두 앙숙 사우디아라비아와 이란을 베이징으로 불러 화해시킨 일[4]이 세계 언론에 대서특필됐다. 그 어느 곳도 아닌, 미국의 최우방국 사우디아라비아였다. 오랫동안 중동에 개입해 왔지만 이란을 '적국'이라 미워했던 미국은 하지 못한, 할 수 없던 일이었다. 볼이 얼얼해지는 강력한 펀치였다.

중국은 심지어 '미국의 뒷마당'이라 불려 온 중남미에까지 세력을 뻗었다. 2001년 9·11 테러로 미국이 중동에서 '테러와의 전쟁'을 벌이는 틈을 타 중남미에 첫발을 들인 중국은 '경제 협력'을 내걸고 거침없이 돌진했다. 20여 년이 지난 지금, 중남미 국가 대부분은 미국보다 중국과의 무역 규모가 더 크다. 2000년 120억 달러에 불과했던 중국과 중남미의 무역 규모는 2020년 3,150억 달러로 26배나 증가했다. 2035년에는 연간 7,000억 달러를 넘을 것이란 예측이 나온다.[5] 미국의 진짜 걱정은 국방·안보 분야에서도 두 지역이 가까워지고 있다는 점이다. 중국은 중남미에 대한 첨단 무기 수출을 꾸준히 늘리고 있다. 군사·항공우주 거점 마련에도 바쁘다.[6] 미국은 그 칼끝이 자국을 향할 것이라고 본다. 다른 지역이라고 다를까. 중앙아시아, 동남아시아, 태평양 도서국, 아프리카 등에서도 중국의 영향력은 커져만 간다. 중국은 이제 경제뿐 아니라 정치적·군사적으로도 미국을 위협하고 있다.

▷

미국은 팔을 걷어붙였다. 중국이 활개 치고 다니는 일은 영화만으로 충분했다. '관세 폭탄'만으로 끝낼 일이 아니지, 아무렴. 으르렁대는 민주당과 공화당이 중국 문제에서만큼은 단결했다. 미국은 중국을 압박하기 위해 탈동조화, 즉 '디커플링decoupling'을 꺼내 들었다. 디커플링은 서로 의존하던 국가들이 무역, 기술, 금융 등 경제 부문에서 관계를 분리한다는 뜻이다. 자세히 보자. 어떤 상품이나 서비스가 소비자에게 전달되기까지는 원자재 공급부터 부품·소재 등 중간재 투입, 최종 제품을 생산하고 유통하는 과정이 필요하다. 오늘날에는 이 과정이 전 세계에 걸쳐 이뤄지기 때문에 '글로벌 공급망'이라 하는데, 세계의 공장인 중국이 그 중심에 있었다. 그런데 세계 최대 소비 시장인 미국이 디커플링을 선언하며 글로벌 공급망에서 중국을 빼 버리겠다고 한 것이다. 물론 모든 분야에서 '손절'하겠다는 게 아니다. 반도체, 전기차, 배터리, AI, 바이오 등 첨단 기술 분야가 타깃이다.

기본 정책은 첨단 기술과 관련 제품을 중국에 팔지 않

는 '수출 통제'다. AI 등에 활용될 첨단 반도체가 대표적이다. 국가 안보에 해가 될 수 있다는 이유로 중국산 통신 장비, 전기차 등을 들이지 않는 '수입 통제'도 한다. 중국 최대 통신업체 화웨이가 그 철퇴를 세게 맞았다. 미국 자본이 중국의 첨단 산업에 흘러 들어가지 않도록 투자를 제한하고, 미국의 기술과 정보가 새 나가지 않도록 중국발^發 투자 또한 막고 있다. 동시에 미국 내 산업 부흥을 위해 동맹과 파트너 국가를 자국으로 끌어들이고 있다. 인플레이션 감축법^{IRA}, 반도체법^{CHIPS Act} 등을 통해서다.[7] 보조금을 팍팍 준다는 게 포인트다. 미국과 가까운 유럽조차 '보호 무역'이라며 비판하고 있지만 아랑곳하지 않는다.

중국이라고 가만있지 않는다. 아직 2등이란 것을 명확히 알기에 섣부르진 않지만, 절대 당하지만은 않겠다는 자세다. 미국이 자국 기업을 제재하면 중국도 미국 기업을 제재한다. 미국의 동맹국에도 경제적 보복을 가한다. 반간첩법(방첩법)을 강화하는 등 외국 기업과 기업인에 날을 세우고,[8] 갈륨, 게르마늄 등 희귀금속의 수출 통제 카드를 들었다 놨다 하며 맞불을 놓는다. 러시아, 중앙아시아 5개국 등 권위주의 국가들과의 협력도 강화하고 있다. 중국 정부가 첨단 기술 발전에 들이는 돈은 가히 천문학적이다.

패권 경쟁은 경제 부문에서 멈추지 않는다. 미국은 양국의 대립을 '민주주의 vs 권위주의'의 대결로 강조하며 '가치 중심의 외교'를 펼치고 있다. 자유 민주주의, 인권 등의 가치로 함께 모인 나라들과 함께 중국을 압박하겠다는 전략이다. 시진핑 정부가 홍콩과 신장위구르자치구에서 인권을 탄압하는 데 비난의 목소리를 높이고, 신장에서 강제 노동을 통해 생산된 제품의 수입을 막는 식이다.[9] 언뜻 '선과 악'의 대결로 비치는 구도다. 미국이 '가치 외교'에 힘을 주는 까닭은 분명하다. 패권국의 힘은 경제력과 군사력에서만 나오는 것이 아니라는 주장이자, 미국의 체제가 더 우월하다는 자신감이다. 동맹과 파트너 국가들을 결집하는 데도 효과적이다. 하지만 중국은 '내정 간섭'이라며 몸을 부르르 떤다.

하긴 그랬다. 미국과 중국의 사이가 이렇게까지 벌어지게 된 데는 사회·문화적 차이도 한몫했다. 두 나라가 '차이메리카'의 영원한 번영을 꿈꾸기에는 너무 달랐다는 것을 생생히 보여 주는 다큐멘터리 영화를 한 편 보자. 제목부터 직설적인 〈아메리칸 팩토리〉(2019, 줄리아 라이케르트[Julia Reichert] & 스티븐 보그너[Steven Bognar] 감독)다.[10]

2015년 미국 오하이오주. 미국 내 제조업 쇠퇴로 2008년 제너럴모터스[GM] 자동차 공장이 문을 닫은 자리에 중국

기업 '푸야오 글래스 아메리카'가 새로 문을 연다. GM 공장
이 폐쇄된 이후 몇 년째 일자리를 찾지 못해 고통받던 이곳
주민들은 두 팔 벌려 환영하고, 양국 직원은 손을 맞잡게 된
다. GM 시절과 비교하면 시급은 절반으로 떨어졌지만, 그
래도 일자리가 생겼다는 현실에 감사 기도를 드리며 출근하
는 미국인 직원들. 그러나 문화 차이로 점점 균열이 생긴다.
'효율'을 중시하는 중국 경영진의 눈에 미국인 직원은 너무
느리다. 반면 미국인 노동자들은 휴게실마저 작업 공간으로
만들고, 안전과 환경 규정을 제대로 지키지 않는 사측에 분
통을 터뜨린다.

　　간부들은 "하나의 팀"을 주문처럼 외우지만, 양측은 도
저히 섞일 수 없는 것처럼 보인다. 결국 미국인 직원들이 노
조를 결성하려 움직이며 중국 경영진과의 갈등은 폭발한다.
중국 사람들은 노조의 존재를 도저히 이해할 수 없다. 사측
은 '노조 설립 방지 컨설턴트'까지 고용해서 이를 막으려 부
단히 애를 쓴다.

　　이 다큐에서 가장 흥미로운 부분은, 집단을 중시하는
중국 문화와 개인을 중요하게 여기는 미국 문화가 사사건건
부딪치는 장면들이다. 중국인 직원은 12시간 2교대, 휴가는
명절뿐인 노동 조건에 "선택의 여지가 없다"며 체념한다.

미국인 직원은 열악한 환경에 "존중받지 못하는 것 같다"며 분노하는데 말이다. 중국 간부들은 회사가 잘돼야 노동자의 몫도 늘어난다고 강조하지만, 노조를 만들려는 미국인들은 이렇게 말한다. "데이턴(오하이오의 도시)의 납세자들과 오하이오주는 푸야오에 수천만 달러를 썼습니다. 하지만 푸야오는 이 지역 사회가 받아야 할 양질의 일자리를 제공하지 못했어요." 달라도 너무 다른 사고방식이다. 무엇이 옳고 그른지 판단하는 대신, 이런 면면을 꼼꼼히 담아낸 이 다큐는 2020년 아카데미 장편 다큐멘터리상을 받았다.

▷

이 모든 일에 있어 우리는 구경꾼이 아니다. 미국은 중국과 싸우며 모든 부문에 동맹을 끌어들이고 있다. 그 동맹, 바로 우리다. 가령 미국 정부는 세계적인 반도체 기업들이 중국에서 사업을 더 키우지 못하도록 압박하고 있다. 삼성전자와 SK하이닉스가 이를 피해 갈 방법은 없다. 또 중국이 기술 자립에 속도를 내고 있어, 그간 열심히 중간재를 수출해 온 우리 기업들은 중국 기업에 언제 밀려날지 몰라 당황스러운 처지다.

물론 두 나라의 갈등은 냉전 때와는 다르게 흘러갈 것

으로 보인다. 미·중이 경제적으로 너무나 깊이 얽혀 있는 탓이다. 중국 경제가 확 꺾일 경우 글로벌 시장에 미치는 파장은 어마어마할 게 뻔하다. 당연히 미국도 이를 안다. 경쟁은 하되 서로 '죽이는' 싸움은 되지 않을 것이란 전망이 나오는 까닭이다. 확실한 것은, 그렇다고 우리가 마음을 놓을 상황은 아니란 점이다.

〈유랑지구〉의 화려한 CG를 보며 '중국 영화의 수준이 꽤 높아졌다'는 생각에 빠져 있다가, 결말부의 한 장면에서 정신이 퍼뜩 들었다. 행성 엔진을 이용해 목성에 불을 붙이려는 류치와 한둬둬 일행은 전 세계 기술자들에게 도움을 청한다. 중학생 한둬둬가 울먹이며 방송한다. "희망은 우리를 집으로 데려다줄 거예요. 도와주세요. 여기서 우리와 함께 싸워 주세요. 목성에 불을 붙이면 지구를 구할 수 있어요." 이 방송이 끝나자마자 가장 먼저 응답하는 팀이 어디였을까. "만약 지구가 멸망한다면 앞으로 우린 누구도 만날 수 없다"고 비장하게 답한, 한국 복구대였다.

이 장면을 보고 소름이 돋았다면, 한국에 시시때때로 경고를 보내는 중국의 실제 모습이 겹쳐 보였다면, 내가 '오버'하는 것일까. 아니면 휘황찬란한 영웅 스토리에 단역으로나마 등장했으니 다행이라 여겨야 하는 것일까.

우크라이나 전쟁,
지정학이 돌아왔다

▶ ─────────────────────────

〈이어즈&이어즈〉(2019)

123

우크라이나 전쟁 소식을 접한 건 아이를 재우면서였다. 아이를 낳은 지 얼마 되지 않아 수시로 잠이 쏟아지던 때였는데도 뉴스에서 눈을 뗄 수 없었다. 떨리는 마음으로 기사를 천천히 읽어 내려가다 잠시 눈이 멈췄다. 갓난아이를 안고 지하대피소로 향하는 여성들이 그곳에 있었다.

신생아와 함께 대피소로 가는 일이 선뜻 상상되지 않았다. 내 몸을 추스르지도 못한 상황에서 서너 시간에 한 번씩 젖을 줘야 하는 여린 생명을 품는 일이 얼마나 고생스러운지 생생히 겪고 있던 터였다. 엄마도 엄마지만 갓 태어난 어린것들의 고통은 어찌할 것인가. 분유를 구할 길은 있을까, 목숨이 위협받는 상황에서 기저귀는 제때 갈아줄 수 있을까, 기저귀를 못 갈면 발진이 생겨 고생할 텐데…. 온갖 걱정이 꼬리에 꼬리를 물고 달려들어 가슴을 짓눌렀다. 내가 할 수 있는 일이라곤 후원금을 보내는 일뿐이었는데, 과연 도움이 될까 싶었다. 우울한 마음은 한동안 이어졌다.

▷

2022년 2월 24일, 러시아가 우크라이나를 전면 침공했다. 21세기 역사의 흐름을 바꾸었다고 기록될 이 전쟁은 왜 시작됐을까. 러시아는 이렇게 말했다. "NATO가 동쪽으로 진군하며 우리를 위협한다." 미국과 유럽이 손잡은 군사동맹인 NATO가 러시아가 있는 동쪽으로 자꾸 회원국을 늘려 불안하다는 얘기였다. 피해망상과 같은 이런 주장의 밑바닥에는 러시아의 오랜 '지정학적' 분석이 있었다. 요약하면 이런 거다. '우리가 땅은 넓은데 너무 추워서 쓸 만한 곳은 없고, 허허벌판에 큰 강도 산맥도 없잖아. 그럼 적을 어떻게 막지? 가만있자…. 옳지, 바다(발트해, 흑해)나 산맥(카르파티아산맥)이 나올 때까지 먼저 치고 들어가서 거길 내 땅으로 만들면 되겠구나.'

하지만 적을 막아줄 자연 방벽을 만날 때까지 쳐들어가는 일은 현실적으로 힘들었다. 그렇다면 최소한 유럽 국가들과 자신 사이에 긴장을 완화해 줄 중립지대(완충국)가 있어야 했다. 그게 우크라이나였다. 러시아 제국이 오래 지배했던 이 나라는 냉전 시기 소비에트 연방 소속이었다. 그런 탓에 푸틴은 더욱 집착했다. '원래 우리와 한 몸인 국가'라는 억지마저 부렸다. 게다가 척박한 러시아 땅과 달리 풍요로

운 곡창지대라니! 우크라이나가 서방에 넘어가는 일, 즉 EU
나 NATO에 합류하는 일은 절대로 일어나서는 안 됐다. 푸
틴 입장에선 다행스럽게도 우크라이나 지도층은 제 말을 잘
들었다.

　푸틴과 가까운 지도층이 정치를 잘했을 리가 있나.
2013년 11월, 여러모로 분노한 우크라이나 시민들은 '유로
마이단 혁명'[1]을 일으켜 러시아와 가깝던 대통령 빅토르 야
누코비치Viktor Yanukovych를 쫓아내고 만다. 이때 혁명 구호 중
하나가 '우리는 유럽인'이었다. 이 나라 사람들이 풍요로운
서방에 편입되고 싶어 한다는 건 누가 봐도 명백했다. 푸틴
은 큰 충격을 받았다. '강한 러시아'를 꿈꾸며 옛 소련을 그
리워하는 그에게 우크라이나의 EU나 NATO 가입은 상상만
해도 끔찍했다. 2014년 푸틴은 우크라이나의 크림반도를 침
공해 강제 합병했다. 그리고 8년 후, 전면전을 일으킨다.

　전쟁 이후 러시아의 '지정학적 불안'에 대해 여러 분석
이 쏟아졌지만, 부인할 수 없는 사실은 단 하나다. 한 나라가
엄연히 주권을 가진 다른 한 국가를 침략하는 일은 어떤 이
유로도 용납될 수 없다.

　우크라이나 전쟁을 착잡한 마음으로 지켜보는 동안,
몇 년 전 본 영국 6부작 드라마 〈이어즈&이어즈〉(2019, 사이

먼 셀란 존스Simon Cellan Jones 감독 外)가 머릿속에서 반복 재생됐다. 영국 맨체스터에 사는 네 남매의 가족사가 2019년부터 2034년까지 빠르게 펼쳐지는데, 이들의 희비극이 세계정세와 맞물린다는 게 포인트다. 중국과 무역전쟁을 벌이던 미국이 중국의 인공 섬에 핵폭탄을 투하하자 시민운동가인 장녀 이디스(제시카 하인즈Jessica Hynes)가 근처를 찾아갔다가 피폭된다는 식이다.

방영 당시 큰 인기를 끌었던 이 작품은 전쟁 발발 직후 다시 소환됐다. 러시아군이 우크라이나를 침공한다는 내용을 다뤄 "노스트라다무스급 예언을 했다"며 화제가 됐기 때문이다. 정확히는 쿠데타를 일으킨 우크라이나 군부가 러시아군을 불러들인다는 설정이지만, 러시아가 우크라이나를 장악하는 모습만은 현실과 판박이다. 극 중에서는 네 남매 중 셋째이자 동성애자 공무원인 대니얼(러셀 토비Russell Tovey)이 이 비극에 휘말린다. 누구보다 안정적인 삶을 살던 그에게 무슨 일이 닥친 것일까.

▷

'이 남자다.'

대니얼은 한눈에 알 수 있었다. 우크라이나 난민 임시

거처에서 빅토르(맥심 밸드리Maxim Baldry)를 처음 본 순간 그는
직감했다. 이제 나는 저 남자를 위해 살게 되겠구나, 저이 없
는 세상은 의미 없겠구나. 사랑에 빠진 두 사람. 대니얼은 빅
토르의 영국 정착을 위해 결혼을 결심한다. 그러나 이를 가
로막는 문제가 있었으니, 대니얼에게는 이미 남편 랠프가 있
었다. 대니얼이 이혼을 요구하자 랠프는 불타오르는 질투심
에 빅토르를 밀고한다. 결국 그는 우크라이나로 추방당한다.

빅토르를 되찾기 위해 자신의 모든 것을 내건 대니얼.
천신만고 끝에 그를 스페인까지 데려와 이 나라에서 살 계획
을 세우지만, 이게 무슨 일인가. 극좌 정당의 쿠데타가 일어
나 외국인 추방 정책이 강화되며 또 한 번 좌절하게 된다. 두
남자에게 남은 마지막 선택지는 고무보트에 올라 영국으로
향하는 것뿐. 이들은 저 검푸른 망망대해를 건널 수 있을까.

〈이어즈&이어즈〉가 예리한 지점은 이제부터다. 대니
얼이 빅토르를 구하려고 이리 뛰고 저리 뛰는 동안 세계는
지진 난 듯 요동친다. 미국과 중국이 다투고, 극우와 극좌 정
권이 유럽을 장악하며 EU는 와해되다시피 한다. 영국에서
는 트럼프를 떠올리게 하는 선동적인 정치인 비비안(엠마 톰
슨Emma Thompson)이 총리가 돼 위험천만한 정책들을 시행한다.
온갖 나라가 온갖 이유로 서로 싸우지만, 그 와중에 경제는

긴밀히 연결돼 있어 은행들의 도산은 글로벌 경제 위기로 이어진다.

한마디로 이 드라마는 '지정학이 돌아온 세계'가 치달을 수 있는 최악의 디스토피아를 그린다. 사랑하는 사람과 함께하고 싶은 소박한 바람조차 사치인 디스토피아다. 현실로 눈을 돌려 보면 다시 한 번 소름이 돋는다. 푸틴의 우크라이나 침공이 의미하는 바 역시 이것이어서다.

지정학이 돌아왔다.

▷

지리적 조건과 경제가 국가 간 정치와 관계에 어떤 영향을 주는지 연구하는 학문. 이것이 지정학의 정의다. 한 나라가 어디에 어떤 지형적 특성과 자원을 가지고, 누구를 이웃으로 두고 자리했는지가 그 국가의 생존과 발전에 큰 영향을 미친다는 의미다.

가령 '한반도는 대륙 세력(중국)과 해양 세력(일본) 사이에 있는 지정학적 요충지라 역사적으로 굴곡이 많았다'는 통설. 서로 뻗어나가려는 두 세력 사이에서 피 터지는 일이 많았다는 이 이야기, 동조든 비판이든 한 번쯤 들어봤을 거다. 반면 미국을 두고는 '지정학적 축복을 받았다'고들 한다.

지도를 보면 정말 그런 것 같다. 땅은 거대하고 풍요로운데 동쪽과 서쪽엔 큰 바다가 있어 적이 쳐들어올 위험이 없다. 위아래로 이웃한 나라는 캐나다와 멕시코뿐이네? 두 나라 모두 국력으로 미국과 상대가 되지 않을뿐더러, 산맥과 사막 때문에 국경을 넘기도 쉽지 않다.

20세기 서구 제국들의 '팽창주의' 이론으로 악용되기도 했던 기세등등한 지정학이 빛을 잃은 건, 1990년대 들어서였다. 1991년 사회주의 국가 소련이 붕괴되고 냉전이 종식되자 미국은 유일무이한 강대국이 됐다. 미국의 주도하에 대부분의 나라가 자유무역 체제 안으로 들어왔다. 냉전 시기 소련에 대항해 최대한 많은 나라를 자유무역 시장으로 끌어들이고, 중동 석유를 안정적으로 확보하기 위해 동맹의 무역 길 안보를 보장해 줬던 미국이었다. 미국은 그 '경찰' 노릇을 계속했다. 이제는 세계 경찰이었다.

일단 자유무역 체제 안에 들어온 나라들은 속이 편했다. 그간 전쟁은, 자원이 부족하거나 만든 물건을 내다 팔 시장이 없을 때 벌어지고는 했다. 그러나 전 세계 시장으로 뻗어나갈 수 있고 무역 길의 안전이 담보돼 있다면, 자원을 탈취하거나 내 물건을 팔기 위해 굳이 옆 나라를 쥐어박을 필요가 없었다. 늑대 같은 나라들에 둘러싸인 작은 나라에도 얻어터지지 않고 성장할 기회가 있었다. 이곳저곳에서 분쟁은 계속됐지만, 적어도 20세기 세계 대전과 같은 일은 일어나지 않았다. 지정학이란 말은 빈티지가 되는 듯했다.

유행은 돌아온다던가. 빈티지가 다시 '핫'한 트렌드가 된 건 전 세계에서 일어나던 일들에 사사건건 참견하던 미국이 지치면서부터다. 미국은 2001년 9·11 테러 이후 아프가니스탄 전쟁(2001~2021년), 이라크 전쟁(2003~2011년)을 연이어 벌이며 중동에서 너무 많은 피를 흘렸다. 미적지근하게 굴며 전쟁에서 발을 빼는 동맹들에 대한 배신감도 컸다. 그러는 동안 중국은 무섭게 몸집을 키웠다. 미국은 세계 경찰 노릇에 회의감이 들기 시작했다. 마침 셰일 혁명[2]으로 자국 내 원유 생산량이 늘어 중동 석유에 집착할 이유도 없었다. '우리한테도 석유가 있겠다, 어차피 동맹들이 내 말도 잘 안 듣는데 내가 고생고생하며 무역 길 안전을 지켜줄 필요가 있을까? 중국이나 신경 써야겠다.'

오바마 정부는 2011년 '피봇 투 아시아Pivot to Asia(아시아 중시 정책)'를 선언한다. 아시아·태평양을 외교·안보 정책의 제1순위로 삼겠다는, 중국을 억제하는 일에 모든 초점을 맞추겠다는 결심이었다. 미국이 세계의 분쟁에 직접 개입하는 일은 급속히 줄고 있다. 우크라이나 전쟁에도 무기와 돈을 지원할 뿐이다. 그리고 앞으로는, 더욱 줄어들 것이다.

미국이 '세계 경찰' 역할을 하던 때가 태평성대였단 뜻이 아니다. 하지만 세계를 압도하던 큰 손아귀의 힘이 빠지면 어떻게 될까. 각 지역에서 힘깨나 쓴다는 이들이 몸을 풀 것이란 건 불 보듯 뻔한 일이다. 러시아가 우크라이나를 침공한 것도 미국이 섣불리 개입하지 않을 것이라는 계산이 있었기에 가능했다.

지정학이 꿈틀댄다. 그 시작이 어쩌면 이 전쟁이다. 이웃 나라의 움직임을 다시금 경계해야 하는 시대가 성큼, 다가왔다.

▷

지정학의 귀환은 우리 삶에도 조금씩 스며들고 있다. 우크라이나 전쟁 이후 에너지·식량 위기로 당장 밥상 물가가 크게 올랐다. 전쟁터에 비할 일은 아니지만 사는 일은 점점 팍팍해지고 있다. 세계 구석구석 진출한 기업들은 이미 발등에 불이 붙었다. 전쟁 발발 후 수많은 유명 기업이 눈물을 머금고 러시아에서 철수해야 했다.[3] 멀리 갈 것도 없다. 2016년 한국이 고고도미사일방어THAAD(사드) 체계를 배치[4]한다고 하자 중국 정부는 자국에 진출한 롯데마트에 영업 정지를 명령했다. 한한령(중국 내 한류 금지령)으로 문화·관광 분야에서도 한국이 입은 타격은 컸다. 그 여파는 지금까지 이어지고 있다. 국가가 아닌 기업이야말로 '지정학 전문가'를 들이고 외교 정책을 세워야 한다는 얘기[5]가 진지하게 나오는 이유다.

기업이 이럴진대 국가의 전략 수립이 어려워진 건 당연하다. 지정학의 컴백은 곳곳에서 분쟁이 늘어난다는 것을 의미한다. 세상은 더욱더 각자의 이익을 셈하느라 바빠질 것이다. 우크라이나 전쟁만 해도 초기에는 모두 러시아를 욕하는 것 같았다. 까놓고 보니 실상은 달랐다. 중국과 인도 등 덩치 크고 목소리 걸걸한 나라들은 대놓고 러시아와 거래했다. 특히 중국과 러시아는 경제적으로 부쩍 밀착하고 있다. 남반구에 위치해 '글로벌 사우스Global South'라 불리는 중남미와 아프리카 국가들 역시 미국의 말을 따르는 대신, 누구 편을 들어야 이익일지 간을 보는 중이다. 그러는 새 전쟁은 장기전이 되어 가고 있다. 중동에서는 또 다른 전쟁이 터졌다. 세계는 더욱 혼란해지고 있다.

중요한 것은, 모든 곳에 두려움이 퍼지며 여기저기서 '우리 살길부터 찾자'는 구호가 쩌렁쩌렁 울리고 있다는 점이다. 이런 목소리는 타자를 배제하고 억압하는 세력이 득

세할 터전을 만들어 준다. 드라마 속 비비안처럼 공포심을 이용해 권력을 쥐려는 이들의 인기는 곳곳에서 점점 높아만 진다. 우리는 〈이어즈&이어즈〉가 그린 디스토피아로 향하고 있는 것일까.

▷

빅토르와 대니얼은 무사히 바다를 건넜을까. 결말과 관계없이 이들의 사랑은 보는 내내 아리고 아프다. 그러나 〈이어즈&이어즈〉가 단순히 디스토피아를 그리는 데서 끝났다면 이 이야기를 소개하지 않았을 거다. 이 드라마가 반짝반짝 빛나는 것은 위태한 지금의 우리에게 꼭 필요한 질문을 던지고 있어서다. 이들 네 남매의 정신적 지주인 할머니 뮤리얼(앤 리드Anne Reid)은 이렇게 말한다.

"좋은 세상을 만든 줄 알았지. '수고했다, 서구사회야.' 살아남았으니 해냈다고 생각했어. 어리석었지. 참 어리석기 짝이 없었어. (중략) 다 너희 잘못이야. 어쩔 수 없는 일이었다고 핑계를 대지. 우린 너무 무기력하고 작고 보잘것없다고. 그래도 우리 잘못이야."

그러면서 뮤리얼은 슈퍼마켓에서 캐셔들을 쫓아낸 것이 시작이었다고 말한다. 저임금 노동자들이 속수무책으로 쫓겨나는 일을 보고만 있었기에, 그러니까 우리가 항상 눈 앞에 보이는 이익만 추구했기 때문에 결국 이렇게 되고 말았다는 성찰이다. 지도자만 탓할 일이 아니다. 우리 모두의 일이다. 이 따뜻하고 예리한 할머니의 뼈아픈 지적에는 사실 이런 말이 담겨 있다.

'사랑하는 내 아가들아, 그러니 어쩌겠니. 이걸 막을 수 있는 것도 역시 우리란다.'

어느덧 훌쩍 커버린 아이를 재우다 보면 낮에 나를 스쳐 간 뉴스들이 떠오른다. 지정학이란 말이 유행이 아닌 클래식이 되어 버린 이 세계에서 나는 아이에게 어떤 세상을 만들어 줘야 하는 것일까. 묵직한 책임감이 어깨를 눌러 때로는 쉬이 잠에 들지 못한다. 아이들이 대피소에서 자라나는 세상보다 끔찍한 비극은 없다. 〈이어즈&이어즈〉에서처럼 디스토피아로 가느냐, 평화롭게 공존하는 세상을 만들 것이냐. 우리는 그 갈림길에 서 있다.

다행이라고 해야 할까. 드라마 속 네 남매는 기어이 변화를 일구어 내고야 만다. 모두 너희 잘못이라는, 할머니의 쓴소리를 새겨들은 덕이다.

피의 복수를
끝내기 위하여

▶ ─────────────────

⟨뮌헨⟩(2005)
⟨노래로 쏘아올린 기적⟩(2015)

"그 사람들은 우리를 파괴하겠다고 맹세했어요. 당분간 평화는 잊고 우리가 강하다는 걸 보여 줘야 합니다."

이스라엘 고위 관료들이 모인 회의실에 총리의 말이 낮게 깔린다. 1972년 9월 서독 뮌헨 올림픽에서 팔레스타인 테러 조직 '검은 9월단'이 숙소에 난입해 벌인 인질극으로 이스라엘 선수 11명이 사망하자, 정부는 복수를 다짐한다. 이름하여 '신의 분노' 작전. 테러 주동자를 암살하는 이 일에 모사드Mossad(이스라엘 정보기관) 요원 아브너(에릭 바나Eric Bana)가 투입된다. 유대인이 어떻게 만든 나라인데, 이렇게 당할 수는 없지. 곧 태어날 아이가 마음에 걸리지만 일은 금방 끝날 것이다. 아브너와 그의 팀은 이탈리아 로마, 프랑스 파리, 그리스 아테네 등 유럽 전역을 훑고 다니며 팔레스타인 핵심 인사를 하나둘 제거한다. 우리 시대의 거장, 스티븐 스필버그Steven Spielberg 감독이 2005년 내놓은 영화 〈뮌헨〉이다.

그러나 아브너가 암살 작전을 벌이는 동안, 팔레스타인 측의 테러는 끊이지 않는다. 독일 비행기를 납치·협박해 잡혀 있던 뮌헨 테러범을 석방하고, 유럽 곳곳의 이스라엘 대사관에 폭탄을 배달한다. 곧 아브너의 팀원들도 표적이 된다. 그의 팀에서는 이런 자조가 흘러나온다. "7개월간 11명 중 6명을 제거했어. 그 와중에 적은 11개 대사관에 우편 폭탄을 보냈고, 여객기 셋을 납치하고 아테네 공항에서 130명을 죽였지. 부상자는 셀 수 없어."

서로 죽고 죽이는 이 싸움은 대체 언제 끝이 날까. 끝날 수는 있는 걸까. 아브너는 점점 지쳐 간다.

▷

2023년 10월 7일. 팔레스타인 무장 정파 하마스Hamas[1]가 이스라엘을 기습 공격했다. 이스라엘인이 1,000명 넘게 사망했고, 외국인을 포함해 240여 명이 인질로 잡혀 갔다. 전례 없는 일에 이스라엘은 어마어마한 충격을 받았다. 전세계는 입을 모아 하마스를 비난했다. 이스라엘 정부는 즉각 보복했다. 하마스의 본거지인 팔레스타인 가자지구에 맹폭격을 하는 한편, 이 지역을 더욱 철저히 봉쇄했다. 단순한 보복이 아니라 '하마스를 완전히 뿌리 뽑겠다'는 분노였다.

그렇지 않아도 열악한 가자지구의 참혹함은 이루 말할 수 없는 지경이 됐다. 수많은 민간인이 숨지고, 굶어 죽어가는 아이들이 속출했다. 슬슬 국제사회의 여론이 바뀌기 시작했다. '보복은 할 수 있다. 그러나 한 대를 맞았는데 열 대를 때리는 건 너무하지 않느냐'는 성토였다. 현재 이스라엘과 팔레스타인의 상황은 피의 복수가 끝없이 이어지던 영화 〈뮌헨〉에서 조금도 나아가지 못한 모습이다.

이스라엘과 팔레스타인은 왜 이렇게 수십 년째 피의 보복을 이어 가고 있는 것일까. 둘은 어쩌다 철천지원수가 된 걸까.

오랜 세월 나라 없이 뿔뿔이 흩어져 온갖 설움을 당해 온 유대인이 나라를 만들겠다고 본격적으로 움직인 건 20세기 초였다. 1917년 드디어 이들은 당시 세계 최강대국이던 영국으로부터 '팔레스타인 땅에 유대 국가를 건설할 수 있게 하겠다'는 약속을 얻어 낸다. 금융계를 장악한 유대인이 제1차 세계 대전에서 고전하던 영국에 필요한 자금줄이던 덕이 컸다. 이 약속이 그 유명한 '밸푸어 선언'[2]이다. 유대인은 그 땅이 수천 년 전 자기 조상이 살던 곳이라고 주장했다. 이슬람교를 믿는 팔레스타인 민족이 이미 오랫동안 터를 잡고 살고 있었지만 양보할 수 없었다.

처음에는 땅을 사들였다. 그러나 점점 유대인 수가 늘며 팔레스타인 사람들, 아니 주변 아랍 국가들과 충돌을 피

140

할 수 없었다. 1948년 5월 이집트, 요르단 등 아랍 국가들은 형제를 돕겠다며 이스라엘과 전쟁을 벌인다. 이어 1956년, 1967년, 1973년 총 네 차례에 걸친 중동 전쟁 끝에 승리한 쪽은 이스라엘이었다. 대대로 살아온 땅을 빼앗긴 팔레스타인 민족은 지중해와 접한 가자지구와 요르단 옆의 서안지구로 나뉘어 밀려났다. 이곳에서 이스라엘의 통제를 받으며 그 증오와 원한은 말로 설명할 수 없는 지경이 됐다.

화해의 기회가 있기는 했다. 양측은 1993년 미국의 중재로 '오슬로 협정'을 맺는다. 이스라엘은 팔레스타인의 자치를, 팔레스타인과 아랍 국가들은 이스라엘의 존재를 인정한다는 '두 국가 해법'이 골자였다. 영토와 평화를 교환하자는 얘기였다. 협정의 주역 이츠하크 라빈Yitzhak Rabin 이스라엘 총리와 야세르 아라파트Yasser Arafat 팔레스타인해방기구PLO[3] 수반은 1994년 노벨 평화상을 공동 수상했다. 1996년에는 팔레스타인 자치정부도 출범한다.

신뢰가 너무 부족했던 것일까. 양쪽 모두 이 협정안에 만족하지 못했다. 이스라엘에서는 '피로 얻은 땅을 어떻게 내주느냐'는 극우의 반발이 극심했다. 1995년 11월 라빈 총리가 암살되는 참극까지 일었다. 이스라엘 정부가 혼란을 겪으며 점령지를 반환해 주지 않자, 팔레스타인 또한 들끓었다. 다시 테러가 찾아졌다. 미국과 UN 등의 중재로 2003년 '중동평화 로드맵'이 나왔지만 이후에도 충돌은 계속 이어졌다.

그러다 2005년 우여곡절 끝에 이스라엘 측이 가자지구 전체, 서안지구 일부 지역에서 철수하며 사태는 전환점을 맞는 듯했다. 이스라엘의 속내야 어찌 됐든 큰 진척이었다. 물론 가자의 영공과 영해는 여전히 이스라엘의 통제하에 있었지만 말이다.

그런데 2006년 1월 팔레스타인 자치정부 총선에서 일이 터졌다. 팔레스타인은 내부에서도 급진 이슬람주의를 외치는 무장 정파 하마스와 비교적 온건한 정파 파타Fatah로 나뉘어 있었는데, 하마스가 파타를 누르고 승리한 것이다. 이스라엘과 그의 최우방국 미국은 테러 단체 하마스를 도저히 받아들일 수 없었다. 파타 역시 하마스를 인정할 수 없었고, 이번엔 둘 사이에 싸움이 붙었다. 결국 파타는 서안지구를, 하마스는 가자지구를 통제하며 둘은 갈라졌다. 독립을 하기도 전에 입은 심각한 내상이었다. 이스라엘은 하마스와 대화할 수 없다며 가자지구를 더더욱 철저히 옥죄었다. 오도 가도 못하는데 전기와 물조차 제대로 공급이 안 됐다. 성장은 꿈도 꿀 수 없게 되고 말았다. 가자지구는 '세상에서 가장 큰 감옥'이 됐다.

▷

〈노래로 쏘아올린 기적〉(2015, 하니 아부 아사드Hany Abu-Assad
감독)은 짧은 기사나 사진으로는 와닿지 않는 이곳의 실상을
담담하게 보여 주는 영화다. 팔레스타인 출신 유명 가수 모
하메드 아사프Mohammed Assaf의 실화를 다룬 이야기로, 가자
지구에서 촬영돼 화제를 모았다.

맑은 목소리를 타고난 아사프는 그의 누나와 친구들과
유명한 밴드를 만들고 싶다. 그러나 가자에서는 낡은 악기
조차 구하기 힘들다. "가자에서 뭘 할 수 있겠어"라는 좌절
이 아이들 사이에서도 오간다. 답답한 마음에 자전거를 타
고 달려 보지만 곧 거대한 철조망에 가로막힌다. 거리 곳곳
에는 이스라엘의 공습으로 무너진 건물이 있고, 폭격으로
다리를 잃은 사람이 오간다. 아이들은 돈을 벌겠다며 이집
트와 가자지구 사이에 뚫린 위험천만한 땅굴을 오가며 배달
아르바이트를 한다.

감옥에서도 꿈은 자란다. 어느덧 청년이 된 아사프(타우
픽 바롬Tawfeek Barhom)는 "질식해 죽기 전에 떠나겠다"며 중동의
유명 오디션 프로그램인 '아랍 아이돌'에 출전하기로 마음

먹는다. 가자지구 밖으로 나갈 수가 없으니 화상으로 예선에 참가하려는데, 정전이 되고 만다. 친구가 급한 대로 빌려온 발전기를 돌려 겨우 연결은 됐다만 이게 뭔가. 신나게 노래하던 도중 발전기에 불이 나며 "불이야" 하는 고함과 함께 오디션은 엉망진창이 되고 만다. 남은 방법은 이집트 카이로에서 열리는 현장 오디션에 직접 참가하는 것뿐. 이제 국경 검문소를 몰래 빠져나가 이집트에 입국하려는 아사프의 모험이 시작된다. 남들은 1등을 바란다지만 아사프에게 중요한 건 그게 아니다. 오디션 참가 자체가 목숨을 걸어야 하는 '기적'이다. 이것이 가자의 현실이다.

▷

이스라엘-팔레스타인 전쟁은 둘의 충돌에서 끝나지 않는다. 중동 곳곳의 다른 갈등 요인들도 자극한다. 먼저 알아야 할 건 이슬람권에 속하는 중동이 크게 사우디아라비아를 따르는 국가와 이란을 추종하는 곳으로 나뉜다는 사실이다. 이슬람교의 한 분파인 수니파를 믿는 사우디와 시아파 이란이 대결하는 형세다. 아랍에미리트·바레인·쿠웨이트 등은 사우디 편에, 이라크의 시아파 민병대·레바논 무장 정파 헤즈볼라·예멘 후티 반군 등은 이란 편에 서 있다.

겉으로는 종교적 다툼 같지만 내막은 복잡하다. 이란에서 1979년 '이란 혁명'[4]이 일어나 독재자 왕을 몰아내고 이란 이슬람공화국이 세워진 것이 파국의 서막이었다. 이란이 '혁명 정신'을 수출하겠다고 나서며 이웃과 꼬이기 시작한 거다. '왕을 몰아내고 대통령을 선거로 뽑는다고? 그딴 걸 수출해?' 절대 왕정 국가인 사우디아라비아는 엄청난 위협을 느꼈다. 점점 사이가 틀어진 양국은 시리아 내전(2011년 발발), 예멘 내전(2014년 발발) 등에서 각각 자기 입맛에 맞는 세력을 지원하며 대리전을 치렀다. 2016년에는 국교도 끊어버렸다. 2023년 중국의 중재로 외교 관계는 정상화했지만 진정한 화해는 아니었다.

그나마 사우디와 이란의 공통점이 있다면, 이스라엘을 적으로 뒀다는 점이었다. 그러나 2020년 미국의 중재로 이스라엘이 아랍에미리트, 바레인과 수교한 '아브라함 협정' 이후 중동의 분위기는 바뀌었다. 경제를 살리고 싶은 사우디가 이스라엘과 수교를 도모하자 이란은 초조해졌다. '사우디와 아이들'이 이스라엘과 손을 잡으면, 그렇지 않아도 혁명 이후 미국의 오랜 제재로 힘든 이란은 더 고립될 터였다.

이때 이스라엘-팔레스타인 전쟁이 일어났다. 이스라엘과 수교하는 조건으로 미국에서 안보를 비롯해 이것저것 얻어낼 요량이던 사우디는 '멘붕'이 됐다. 명색이 아랍의 '형님'인데 팔레스타인 편을 들지 않을 수 없었기 때문이다. 사우디와 이스라엘이 화해하면 영영 낙동강 오리알이 될까 봐 두려워한 하마스가 노린 지점이기도 했다.

어쨌든 정세는 이란에 유리한 쪽으로 흘렀지만, 제 앞가림도 벅찬 이란 또한 이스라엘·미국과의 확전을 원하지 않는다. 문제는 사우디나 이란의 의중과 관계없이 중동이 요동치고 있다는 점이다. 이란의 지원을 받는 하마스가 전쟁의 중심에 서자, 친親이란 세력들이 하마스를 돕는다는 이유로 움직이기 시작했다. 예멘의 후티 반군이 홍해를 지나는 민간 선박 공격에 나섰고, 레바논의 헤즈볼라 역시 이스라엘과 부딪치고 있다. 급기야 2024년 4월 이스라엘이 시리아 주재 이란 영사관을 공습했다. 이란의 보복과 이스라엘의 보복이 이어졌다. 전면전으로 치닫지는 않았지만 전운은 감돌고 있다. 언제, 무슨 일이 터질지 모른다.

전쟁이 뒤흔들고 있는 것은 이뿐 아니다. 이슬람국가IS 등 급진 이슬람 무장 조직도 꿈틀대고 있다. 이스라엘을 기습 공격하며 '유명'해진 하마스는 이들에게 좋은 '교본'이 됐다. 폭력은 전염되기 마련이다. 극단주의 세력은 악명을 떨칠수록 영향력이 커진다. 그야말로 중동 전체의 위기다.

피가 피를 부르는 악순환을 대체 어떻게 끝낼 수 있을까. 이 문제를 오랫동안 연구해 온 중동 전문가들조차 '답이 없다'고 말할 만큼 답답한 정국이다. 결론은 돌고 돌아 '두 국가 해법'뿐이라는 데 중론이 모인다. 그러나 양측 갈등의 골이 너무 깊고, 이스라엘은 서안지구에 점점이 박아 놓은 '유대인 정착촌'⁵을 철수시킬 생각이 없어 보인다. 팔레스타인을 이끌 현실적 대안으로 서안지구의 파타가 꼽히지만, 파타 역시 무능하고 부패하기는 마찬가지다. 파타와 하마스의 관계가 매우 나쁘다는 것도 골칫거리다. 중재자로 나선 국가들이 파타에 힘을 실어 준다고 해도 가자지구를 제대로 통제할 수 있을지는 알 수 없다. 당장의 휴전 여부와 관계없이 장기적인 평화 정착과 가자지구 재건에는 엄청난 시간과 자원이 들 것이다.

▷

그 자신이 유대인인 스필버그의 〈뮌헨〉은 작품으로서는 호평받았지만, 정작 이스라엘과 팔레스타인 양쪽에서 모두 환영받지 못했다. 그만큼 이 사안은 첨예하다. 그럼에도 이 영화에서 가장 회자되는 장면은 곱씹어볼 만하다. 아브너가 우연히 하룻밤을 함께하게 된 PLO 소속 청년과 대화를 나누는 씬이다. 자신의 신분을 숨긴 아브너가 "유대인을 죽이면 세상이 너희를 짐승 취급할 거야"라고 말하자, 청년은 이렇게 답한다.

"우리를 어쩌다 짐승으로 만들었는지도 알게 되겠지. 자네는 집이 없는 심정을 몰라. 다들 '별거 아니잖아'라고 해도, 정작 너희는 돌아갈 집이 있잖아. 우리는 나라 있는 국민이길 원해."

아브너는 점점 회의감에 빠져든다. 살해당할까 봐 두려워 옷장에 숨어 잠을 청하며 피폐해진다. 일을 그만둔 아브너는 복귀하라는 상관에게 쏘아붙인다. "당신이 뭘 믿든 그 끝에는 평화가 없어요." 복수만을 생각하는 이상 그게 어떤 방법이든 평화는 절대로 오지 않을 것이란 일침이다. 그의 쓸쓸한 뒷모습을 보며 문득 이런 궁금증이 들었다. 이 영화는 뮌헨 참사 이후의 이야기를 담고 있음에도 왜 '뮌헨 이후'가 아닌 '뮌헨'을 제목으로 택했을까. 복수와 증오에만 사로잡혀 '뮌헨 이후'를 설계하지 못하는 상황에 대한 안타까움을 담은 것일지도 모르겠다.

피가 피를 부르는 보복. 불안과 강박, 불면. 영화 〈뮌헨〉의 끝에는 완전히 사막이 되어 버린 한 인간만 남는다. 그는 자신의 싸움이 수십 년 후에도 이어질 것이라고 짐작이나

했을까. 자신이 적이라 여겼던 곳에서, 손주뻘 되는 아이가 단지 노래를 향한 열망으로 목숨 걸고 국경을 넘어야 하는 현실을 상상이나 했을까. 그 점이 몹시 슬펐다.

'수리남'만 보면 곤란한, 거대한 가능성의 대륙

▶ ─────────────────

〈나르코스〉(2015)
〈수리남〉(2022)
〈모터싸이클 다이어리〉(2004)

Mexico
Guatemala
CUBA
Venezuela
Colombia
Brazil
Peru
Bolivia
Chile
Paraguay
Argentina

151

아무래도 그 선배 때문이다. 스페인어라곤 '올라[Hola]'밖에 모르던 내가 서어서문학(스페인어권 언어·문학)과 만난 건 스무 살 때였다. 1학년 때 다양한 과목을 접한 뒤 2학년 때 전공을 정하는 학부제 탓에 '문과대학'으로 입학한 나와 친구들은 혼란의 20대를 보내고 있었다. 학과가 정해지지 않아 소속감을 느끼기 힘들었고, 영문학과부터 심리학과, 사회학과까지 선택의 폭이 너무 넓어 더 고민이 됐다. 그래도 영문과가 제일 낫지 않겠느냐며 친구들이 학점 관리에 여념 없던 가을날, 술자리에서 담배를 뻑뻑 피워 대는 그 선배를 만났던 것이다.

"중남미가 얼마나 큰 줄 알아? 그 큰 대륙에서 포르투갈어 쓰는 브라질만 빼고 대부분 스페인어를 써. 스페인어만 할 줄 알면 어디서든 일할 수 있는 거야. 아, 물론 지금 중남미가 잘나가는 건 아니지만 20년 후를 내다봐야지. 분명 라틴아메리카[1]의 시대가 올 거야. 서문과에 와."

어찌나 차려입고 나왔던지. 어떻게든 신입생을 꼬여보

려는 수가 뻔히 보였지만, 미안하게도 선배는 내 스타일이 아니었다. 그 대신 내가 꽂힌 건 중남미였다. 지도를 보니 과연 어마어마했다. 저 넓은 땅에 그 많은 나라가 한 언어를 쓴다니. 호기심에 탐한《백년의 고독》,《영혼의 집》과 같은 중남미 소설들은 눈부신 에너지를 뿜어냈다. 마침 캠퍼스에서는 너도 나도 쿠바의 혁명 영웅 체 게바라^{Che Guevara}의 평전을 겨드랑이에 액세서리처럼 끼고 다닐 때였다. 그 겨울, 나는 비가 오나 눈이 오나 강남역으로 향했다. 번쩍번쩍한 영어 학원 건물들의 뒷골목에 자그마한 스페인어 학원이 있었다. 학생은 몇 없었지만 글로벌 인재가 되고야 말겠다는 스무 살의 야망은 넘실댔다.

정성을 쏟은 공부가 취업 전선에서 그다지 도움이 되지 않는다는 것은 졸업반이 되어서야 인정하게 됐다. 스페인어 자격증을 들고 서서 취업준비생 카페를 들락거렸지만, 필요한 것은 높은 영어 점수였다. 맹수를 사냥하는 초원에서 혼자만 낚싯대를 들고 선 기분이었다. 나의 미끼는 아무도 물지 않았다. 나는 조용히 토익 속성반에 등록했다. 이번에는 뒷골목이 아닌 번쩍번쩍한 건물이었다. 회사에 다니면서는 스페인어와 스페인어로 쓰인 문학 그리고 그 대륙에 대한 동경과 더 멀어졌다. 사는 일은 바빴고 중남미는 멀었다. 내

낚싯대는 바닷가 근처에도 가보지 못한 채 창고에 처박혔다. 아무래도 전공을 잘못 선택한 게 분명했다.

중남미를 다시 돌아보게 된 건, 드라마 〈나르코스〉 (2015, 조제 파딜랴José Padilha 감독 外)를 보고 나서였다. 1980년대 콜롬비아의 전설적인 마약왕 파블로 에스코바르Pablo Escobar의 일대기를 그린 작품인데, 이 드라마의 흥행 이후 중남미를 배경으로 한 마약 소재 드라마와 영화가 우후죽순 쏟아졌다. 잘 알아듣지는 못해도 스페인어를 듣는 일 자체가 반가워서 틈나는 대로 챙겨봤다. 그러다 2022년, 윤종빈 감독이 한국인 마약왕의 실화를 바탕으로 연출한 〈수리남〉이 나왔을 때는 정말로 궁금해졌다. 대체 이 지역에서는 마약을 둘러싸고 무슨 일이 벌어지고 있는 것인가. 마약 카르텔[2]이 정치인이나 유명인을 살해했다는 뉴스를 보도할 때마다 떠오르던 의문이기도 했다.

▷

"홍어를 안 먹고 싹 다 버리는 나라가 있다니까."

홍어처럼 생긴 녀석이 대체 웬 헛소리를 하는 거야, 이게 얼마나 비싼 건데. 인상을 찌푸리며 홍어를 우걱우걱 씹는 인구(하정우)에게 친구 응수(현봉식)가 영상을 하나 들이민다. 이런, 배에 탄 어부들이 그물에 걸린 홍어를 다시 바다에 내던지는 게 아닌가. 좋았어! 하늘이 드디어 나에게 기회를 주신 거다. 인구는 그 길로 단란주점 운영을 접고 홍어의 꿈을 향해 태평양을 건넌다. 거기가 어디냐. 이름도 낯선 남미의 작은 나라 수리남이다.

헐값에 확보한 홍어를 한국에 팔아 떼돈을 벌 생각에 신난 인구와 응수는 사업에 착수한다. 군인이 쳐들어와 대놓고 뇌물을 요구하지만 이 정도쯤이야 예상했다. 그런데 중국 갱단까지 찾아와 돈을 내놓으라 협박한다. 곤란해진 인구에게 한인교회의 전요환 목사(황정민)가 구세주처럼 나타나 갱단을 물리쳐 준다. 그러나 평안도 잠시. 홍어를 실은 배에서 코카인이 발견돼 인구는 억울한 옥살이를 하게 되는데, 어느 날 국정원 미주팀장 최창호(박해수)가 찾아와 놀라운 얘기를 전해준다. 인구의 홍어에 몰래 코카인을 실어 한국에 팔려던 이는, 다름 아닌 목사였다. 전요환은 하나님의 아들이 아닌 수리남 코카인의 대부였던 거다.

최창호 팀장은 인구에게 전요환을 잡을 미끼가 되어 달라 부탁하고, 인구는 재산을 되찾고 복수하기 위해 그 제안을 수락한다. 한국에 내다 팔 코카인을 구한다며 전요환에게 접근한 인구. 최 팀장은 인구와 절친한 무역상인 척 연기를 시작한다. 목표는 전요환의 코카인이 미국 땅에 잠시라도 닿게 해, '마약상 저승사자'인 미국 마약단속국^{DEA}이 나서게 하는 것이다. 그렇게만 된다면 게임 끝, 할렐루야다.

여기서 질문. 한국에서 범죄를 저지르고 쫓기던 전요환은 왜 수리남까지 온 것일까. 최 팀장은 설명한다. "해 먹을 게 많고, 쉽게 해 먹을 수 있는 나라를 찾다가 온 겁니다. 마약, 조직, 부패한 정부. 전요환이 좋아한 모든 게 있었죠." 전요환은 군부 쿠데타로 집권한 이 나라 대통령에게 뇌물을 안겨 코카인 독점권을 확보해 마약왕이 될 수 있었다. 드라마를 다시 보니 정말 그랬다. 화면에 펼쳐지는 풍경은 아름답기 이를 데 없는데, 실상은 무법천지다. 대통령부터 말단 공무원까지 뇌물 요구는 일상이고 갱단 구역에는 시체가 걸려 있다. 시내에서 아무렇지도 않게 총격전이 벌어진다. 전요환의 코카 농장을 지켜주는 이는 무려 군인이다. 이런 곳에서 두 사람은 이 연극을 무사히 잘 마칠 수 있을까.

조금도 지루할 틈 없는 '수리남'을 보며 문득, 이 이야기가 다른 중남미 국가를 배경으로 했더라도 크게 다르지 않았을 것이라는 생각이 들었다. 사정이 조금씩 다르긴 해도 중남미 국가 대부분은 마약과 그로 인한 카르텔의 폭력 범죄, 부정부패 등으로 골머리를 앓고 있다. 어쩌다 이렇게 된 것일까.

마약의 종류는 다양하지만, 중남미에서는 주로 코카인이 생산·유통된다. 코카인의 주원료인 코카나무의 원산지가 이 대륙이다. 원주민들이 오랫동안 의약품과 기호식품으로 애용해 온 코카나무 잎에서 마약 성분만 추출해 만든 것이 코카인인데, 콜롬비아, 페루, 볼리비아가 세계 3대 생산국이다. 마약 밀매업의 덩치가 산업 수준으로 커진 것은 1980년대다. 베트남 전쟁이 한창이던 1970년대 마약성 진통제·각성제가 미군에게 보급되며 오남용이 급증한 탓이 컸다. 미국 정부는 '마약과의 전쟁'[3]을 선포했지만 엄격한 단속에도 중독성으로 인한 수요는 여전했다. 마약값은 천정부지로 치솟았다. 세계 최대 소비처인 부자 나라 미국이 바로 위에 있어 팔기만 하면 돈이 되는데, 범죄 조직이 이를 마다할 리 없었다. 당시 대부분 중남미 국가는 내부가 친미와 반미 세력으로 나뉘어 혼란스럽고 부정부패가 만연해 있어 마약상이 활동하기에 안성맞춤이었다. 한편으로는 미국이 마약과 싸우면서도 이 지역 친미 세력의 마약 재배는 눈감아주는 이중적인 행태[4]를 보여 산업을 키우는 데 한몫한 면도 있다.

이 시기에 등장한 이가 드라마 〈나르코스〉의 주인공 파블로 에스코바르다. 그는 콜롬비아에서 활동하며 엄청난 돈을 벌어들였다. 《포브스^{Forbes}》지에 '세계 7대 부자'로 꼽힐 정도였다. 심지어 준군사 조직을 거느리며 정치에도 욕심을 냈다. 결국 그는 DEA에 의해 비참한 결말을 맞이했지만, 그 후로도 이 지역 마약 산업은 커져만 갔다. DEA의 대대적인 소탕 작전에도, 콜롬비아 카르텔이 주춤하면 멕시코 마약상이 기승을 부리는 식의 풍선 효과만 나타났다. 이 '전쟁'은 지금도 진행 중이다.

▷

중남미의 마약 문제는 어두운 뒷골목 일이 아니라, 일반 시민의 삶에 깊숙이 침투해 있는 일상의 괴로움이라는 점에서 중요하다. 이 지역의 폭력 사건, 높은 살인율은 세계적으로 악명 높다. 매년 전 세계 살인 사건의 3분의 1이 중남미에서 일어난다.[5] 이는 정치, 경제 등 나라를 떠받치는 모든 부문에도 악영향을 준다. 마약 카르텔이 자기네 입맛에 맞지 않는 정치인을 제거하는 일이 무척 흔해, 범죄 조직 소탕과 부정부패 척결이 쉽지 않다. 그럼에도 이렇다 할 산업이 발달한 국가는 몇 없어, 가난한 농부는 코카 재배에 기대고 일자리가 없는 청년들은 카르텔에 가담하는 악순환[6]이 끊임없이 반복되는 구조다.

개별 국가가 해결하기 힘들다는 점도 마약 문제의 특수성 중 하나다. '수리남'의 최창호 팀장이 인구와 함께 펼치는 작전은 한국 정부 홀로 하는 일이 아니다. 최 팀장은 미국 DEA와 손잡고, 브라질 안전 가옥에서 작전을 지시한다. DEA의 용병이 대기하는 곳은 베네수엘라다. 국가 간 협력이 필요하다 보니 해결이 더욱 어렵다. 미국과 멕시코 대통령이 티격태격하다가도 이 문제에서만큼은 머리를 맞대는 것은 그래서다. 마약 이슈는 다른 측면에서도 미국과 중남미 국가 간의 갈등을 키우고 있다. 폭력 범죄에 시달리다 미국으로 불법 이주를 택하는 사람들이 해마다 늘고 있기 때문이다.[7] 상황이 심각하다 보니 일부 국가에서는 마약 합법화 움직임마저 인다.

이 대륙의 어려움은 이뿐 아니다. 중남미는 경제적 불평등이 극심한 데다, 정치적 양극화 또한 심각하기로 손에 꼽히는 곳이다. 그래서일까, 이 지역에서 대통령 선거가 치러질 때마다 전 세계 언론은 주목한다. 중남미에서는 좌파 정권이 연달아 집권하는 흐름인 '핑크 타이드(좌파 물결)'[8]가 부상했다가 지기를 반복하는데, 대륙의 정치적 지형이 바뀔 때마다 각 나라에서 격랑이 인다. 좌파는 포퓰리즘으로, 우파는 극우로 치닫기 일쑤다. 서로 돈독했던 이웃 국가가 정권이 바뀌면 반목하는 경우도 꽤 많다. 정치가 불안정하니 교육과 혁신, 기술에 대한 투자가 부족한 것도 중남미 국가들의 공통점이다.

여기까지만 보면 무서워서 발도 못 붙일 곳 같다. 그러나 모든 이야기의 재미는 반전에 있다. 중남미는 〈나르코스〉나 〈수리남〉으로만 기억하기에는 참 아까운, 엄청난 가능성의 대륙이다.

일단 이 지역 나라들은 언어가 같다. 1492년 크리스토퍼 콜럼버스Christopher Columbus가 아메리카 대륙에 발 디딘 후, 스페인의 지배를 오랫동안 받은 탓이다. 포르투갈 식민지였던 브라질 등 몇몇 국가만 제외하고는 스페인어로 말이 통한다. 설명이 필요 없는 장점이다. 대부분 가톨릭교를 믿어 종교로 부딪칠 일도 거의 없다.

무엇보다 역사적 아픔을 공유하고 있다. 유럽인이 들어온 15세기부터 이곳 원주민은 스페인, 포르투갈 등으로부터 잔혹하게 수탈당했다. 점차 초창기에 건너온 백인(크리오요), 백인과 원주민 사이에서 태어난 메스티소, 백인과 흑인 사이에서 태어난 물라토 등 다양한 이가 섞여 살게 됐지만 '우리는 라틴아메리카인'이란 정체성만큼은 돋아났다. 미국 독립(1776년)과 프랑스 혁명(1789년)의 영향으로 이 대륙에서도 독립 열망이 싹트기 시작할 때, "남미 대륙 전체를 해방해 국가를 만들자"[9]는 목소리가 컸던 이유다. 이해관계가 각기 달라 결국 한 나라로 통일되지 못한 채 현재의 국경을 갖게 됐지만, 그럼에도 "기원과 언어, 관습, 종교가 같다"[10]는 점은 여전하다. 20세기 들어 군사독재 아래서 신음한 기억, 미국의 '뒷마당'으로 당해야 했던 설움도 같다. 연대와 통합을 마음먹는다면, 그 바탕은 이미 마련된 셈이다.

반전은 또 있다. 땅도 넓고 인구도 젊은데 자원까지 많다. 최근 가장 주목받는 자원은 전기차 배터리의 핵심 원료로 '하얀 석유'라 불리는 리튬이다. 전 세계 매장량의 53%(2022년, 미국 지질조사국)가 남미 3개 국가 칠레, 볼리비아, 아르헨티나에 묻혀 있다. 지정학적 긴장을 피할 수는 없겠지만, 아메리카 대륙이 중동 등 현재 분쟁이 일어나는 지역에서 멀리 떨어져 있다는 점도 큰 장점이다. 문화 예술과 스포츠 등 소프트 파워의 매력을 갖췄다는 점도 빼놓으면 섭섭하지 않을까. 이런 여러 이유로 중남미는 최근 '글로벌 사우스'의 핵심 지역으로 떠오르고 있다. 글로벌 사우스에서 경제 순위 10위권 안에 드는 국가 중 3곳이 브라질, 멕시코, 아르헨티나다. 테슬라 등 글로벌 기업들은 이미 이곳으로 눈을 돌리고 있다.

이 '반전 매력'을 십분 활용하려면 결국 서로 힘을 보태는 수밖에 없다. 물론 지금도 브라질·아르헨티나·우루과이·파라과이·베네수엘라 등이 함께하는 남미공동시장 Mercosur(메르코수르)을 비롯해 무려 33개국이 가입한 라틴아메리카-카리브해 국가공동체CELAC, 미국과 함께하는 미주기구 OAS 등 여러 기구가 있다. 하지만 각국 정치 지형이 바뀔 때마다 흔들려 왔던 게 사실이다. 이제는 마약 범죄부터 이주, 기후 변화에 이르기까지 지역 공통 과제에 대처하기 위해 전략을 공동 개발해야 할 때다. 중남미 국가들이 교통 등 인프라 프로젝트를 함께 진행해 '지역 통합'을 추진한다면 얻을 수 있는 이득이 매우 많을 것이란 전망[11]에는, 현재 상황에 대한 안타까움마저 서려 있다.

▷

내가 스페인어 공부에 빠져 지냈던 그 시절, 캠퍼스를 휩쓸었던《체 게바라 평전》을 끝까지 다 읽었다는 이는 보지 못했다. 솔직히 그런 건 중요하지 않았다. 완벽한 이목구비에 그윽한 눈빛을 지닌 '혁명 스타'의 얼굴이 표지에 떡하니 박혀 있는 책은 제법 괜찮은 '잇템'이었으니까. 정작 내가 그에 대해 잘 알게 된 것은 영화 〈모터싸이클 다이어리〉

(2004, 월터 살레스Walter Salles 감독)를 통해서였다. 평범한 의대생 에르네스토 게바라(가엘 가르시아 베르날Gael Garcia Bernal)가 쿠바 혁명 지도자가 되는 데 큰 영향을 끼친 그의 여행을 그린 작품이다. 영화 속 수줍은, 그러나 남미 전체의 민중 해방을 꿈꾸는 야심만만한 청년 게바라는 말한다.

"남미 대륙이 이렇게 조각났다는 건 있을 수 없는 일입니다. 우리 메스티소는 하나입니다. 멕시코에서 마젤란 해협까지. 지역주의를 벗어나 하나가 됩시다."

그저 한 혁명가의 이상일 뿐이라고 생각했던 이 대사, 지금의 중남미에는 의미심장하게 들리지 않을까. 그의 게릴라 전투는 옛 시대의 유물이 됐지만 그가 부르짖던 '라틴아메리카 통합'의 정신은 어쩌면 지금, 그 어느 때보다 필요하니 말이다.

선배가 말한 그 20년이 지난 지금, 그의 말은 반은 맞고 반은 틀렸다. 여전히 이곳은 혼란 속에 있다. 그러나 이 지역 나라들의 가능성 역시 여전하다. 마침 글로벌 공급망이 불안해지며 한국 정부도 중남미의 중요성에 대해 조금씩 눈을 떠 가는 모습이다. 그러니 우리도 〈수리남〉의 프레임으로만 이곳을 바라봐서는 곤란하지 않을까. 아무래도 창고에 처박혀 있는 나의 낚싯대를 다시 꺼낼 때가 온 것 같다.

아시아의 '강철비'를
피하는 방법

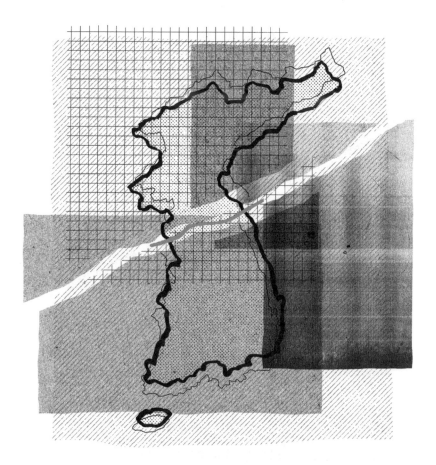

운동장에서 고무줄놀이를 신나게 하던 여름날이었다. 종아리에 착착 감기는 고무줄을 튕겨내며 친구들과 합을 맞추는 쾌감이 어느 순간 툭, 끊겼다. 같은 반 아이 한 명이 모래를 폴폴 날리며 뛰어와 소리쳤기 때문이다.

"너네는 라면 안 사? 우리 집은 박스로 사놨어. 전쟁 난대, 전쟁!"

뒤숭숭한 마음에 집으로 달려갔지만 엄마는 괜찮다며 학원이나 가라고 등을 떠밀었다. 그러나 어른들의 입에서 오가는 '북한'이며 '전쟁' 같은 단어는 아이들의 귀에 고무줄만큼이나 착착 감겼다. 전쟁이 아주 무섭다는 것쯤은 아이들도 알았다. 며칠간 친구들은 온통 그 얘기뿐이었다. 점점 두려워졌다. 왜 우리 집에는 라면 상자가 없는 건가. 냉장고를 탈탈 털어도 한 달을 못 버틸 것 같은데 우리 엄마는 왜 피난 준비를 하지 않는 거냐고! 얼마나 원망스러웠던지. 북한의 핵확산금지조약[NPT] 탈퇴로 갈등이 불거져 "한반도가 전쟁 문턱까지 갔다"고 기록된, 라면 사재기에 온 동네 슈퍼

가 난리였던 1994년 6월이었다.[1]

2010년 11월. 이번에는 진짜 공격이었다. 초짜 사회부 기자였던 나는 북한이 서해 연평도를 폭격했다는 소식에 헐레벌떡 섬으로 달려갔다. 눈앞에 믿을 수 없는 광경이 펼쳐졌다. 까맣게 타버린 커피숍의 창틀, 산산이 부서져 쏟아져 내린 유리창, 통째로 무너져 새까만 재가 되어버린 집들. 바삐 짐을 싸 인천행 배에 올라타던 주민들이 말했다. "죽을 때까지 잊지 못할 겁니다. 취재고 뭐고 빨리 나가요." 모두가 떠난 섬, 작은 민박집에서 일본 아사히신문 여기자와 함께 잠을 청하던 그날 밤의 공포를 나 역시 죽을 때까지 잊지 못할 거다.

한반도는 지구상 유일한 분단국가다. 한국전쟁은 휴전 중이고 1994년 여름과 2010년 겨울처럼 위기의 순간들은 시시때때로 찾아온다. 아무렇지 않은 듯 일상을 살아가던 사람들도 그럴 때면 두려움을 느낀다. 2017년만 해도, 트럼프 당시 미국 대통령과 김정은 북한 국무위원장이 매일 입으로 '핵 버튼'을 주고받는 바람에 온 나라가 들썩였으니까. '한반도 평화 체제 구축'은 교과서 속 고리타분한 문장 같아도, 언젠가 꼭 해야 하는 무거운 숙제다. 통일이든 다른 방식이든 뭐가 됐든 말이다. 분단국가가 지닌 위험과 불안을 언제까지나 안고 살아갈 수는 없다. '한반도는 위험해'란 족쇄가 채워진 한, 성장에도 한계가 있다. 그렇다면 한반도 평화 체제는 어떻게 이룰 수 있는 것일까. 정우성 주연의 〈강철비 2〉(2020, 양우석 감독)를 먼저 보자.

▷

"이번 협정만 잘 끝내면 틀림없이 대통령님께서 노벨 평화상을 받게 되실 겁니다."

스무트 미국 대통령(앵거스 맥페이든Angus Macfadye)이 볼일을 보는 화장실 문 앞. 지독한 냄새에도 아랑곳하지 않고 어르고 달래는 이 진득한 사람, 한경재 한국 대통령(정우성)이다. 여기는 남·북·미 정상회담이 열리는 북한 원산. 평화협정 체결을 코앞에 두고 만났지만, 북한 위원장(유연석)과 미국 대통령은 견해차를 좁히지 못하고 으르렁거린다. 중간에서 난감한 한국 대통령은 어떻게든 일을 진척시키려 애를 쓰는데, 갑자기 주변이 아수라장이 된다. 북한 호위총국장(곽도원)이 '굴욕적인' 평화협정에 반대한다며 쿠데타를 일으켰지 뭔가.

깊은 바닷속 핵 잠수함에 인질로 끌려간 세 정상. 이곳에서도 이들은 난상 토론을 멈추지 않는데, 호위총국장이 스무트 대통령을 압박하며 사태는 심상치 않게 흘러간다. 미국이 한반도 앞바다에서 벌이려던 일이 까발려지고, 중국과 일본의 속셈 역시 차례로 드러난다. 밑줄 쫙 그어야 하는 부분은, 눈을 씻고 봐도 한반도의 평화를 안중에 둔 주변국은 어디에도 없다는 사실이다. 모두 제 잇속 챙기기에 바쁘다.

먼저 중국. 한·미·일 동맹이 몹시 거슬리는 중국은 북한 쿠데타 세력과 일본 극우단체를 뒤에서 교묘히 조종해 3국 동맹을 훼방 놓으려 한다. 미국도 꿍꿍이가 있다. 자나 깨나 '중국 견제'가 목표인 미국은 제 손에 피를 묻히는 대신 일본을 통해 중국을 제압하려고 한다. 이때 희생양이 되는 건 엉뚱하게도 독도, 아니 한반도다. 카메라가 일본으로 향하면 뒷골이 당긴다. 극 중 일본 극우 세력의 수장은 대놓고 이렇게 말한다. "임진왜란, 청일전쟁, 러일전쟁, 6·25 전쟁까지 우리 일본이 일어설 때 시작은 항상 조선 반도였지. 한국과 일전을 하게 되면 잠들어 있는 우리의 대일본 정신이 살아날 걸세." 혼란을 핑계로 한반도를 공격해, 이를 발판 삼아 다시 제국이 되려는 극우의 눈빛은 섬뜩하기까지 하다. 이제 남북한과 미국, 중국, 일본 제각각의 셈법이 요란하게 작동하며 한반도를 둘러싼 위기는 걷잡을 수 없이 커진다. 잠수함에 꼼짝없이 갇힌 세 정상은 이를 어떻게 해결할까.

〈강철비2〉를 보면 긴장감에 어깨가 뻐근해지면서도, 고구마 삼킨 듯한 답답함에 한숨이 나온다. 북한 위원장과 미국 대통령이 싸울 때 중간에서 어쩔 줄 모르는 한국 대통령의 모습이 현실과 크게 다를 바 없어서다. 특히 미국이 한국과 한마디 상의도 없이 북한·중국 접경 지역에 대륙간 탄도 미사일^{ICBM}을 쏘는 장면에서 그 무력감은 최고조에 달한다. 그저 '통보'를 받을 뿐, 할 수 있는 게 없다. 그나마 한국 국무총리(김용림)가 미국 측에 크게 화를 내는 장면 덕에 속이 조금 시원해진다.

"동맹국이며 당사자인 한국에겐 미리 알려 주셨어야 합니다. 폭격이 끝난 뒤에 알려 주시는 건 동맹국 간의 소통은 아니라고 생각합니다."

영화니까 '사이다' 같은 장면이 있기라도 하지, 현실은 갑갑하기 짝이 없다. 상황이 〈강철비2〉처럼 험악하게 흘러가지 않는다 해도 복잡한 건 매한가지다. 미국은 우리와 동맹이고 북한을 골칫거리로 여기긴 하지만, 이러니저러니 해도 가장 큰 목적은 중국 견제다. 중국은 어떨까. 중국과 북한은 전통적으로 순망치한^{脣亡齒寒}의 관계다. 입술이 없으면 이가 시리다고, 중국은 북한 없이 미국·한국과 직접 맞닿게 되는 것을 원하지 않는다. 북한이 미국과 지나치게 가까워지는 모습을 중국이 두 팔 벌려 환영할 리 없다.

일본은 이미 움직이고 있다. 중국의 부상과 북한의 핵 위협 등을 명분으로 2022년 방위 정책을 대폭 전환했다. 안보 관련 3대 문서(국가안전보장전략 등)를 개정해, 북한, 중국 등 주변국의 미사일 기지를 직접 타격하는 '반격 능력(적 기지 공격 능력)'을 보유한다는 내용을 담았다. 제2차 세계 대전 이후 방어에만 집중해 왔지만 이제는 거기서 벗어나겠다는 적극적인 태세 전환이다. 방위비도 2027년 이내 GDP의 2%까지 증액할 계획이다.[2] 북한? 우크라이나 전쟁이 길어지자 옳거니, 러시아에 무기를 공급하며 밀착하고 있다. 북한이 핵을 포기하지 않을 것이란 전망에 더욱 힘이 실린다.[3] 이것이 우리가 처한 현실이다.

여기까지만 봐도 머리가 지끈지끈하는데 우리가 신경 써야 하는 일이 또 하나 있다. 사실 한반도 평화 체제 구축에 가장 중요한 관계국인 미국과 중국의 관심은 우리보다 이곳에 더 쏠려 있다. 우리나라 지도에서 살짝 왼쪽 아래를 보자. 맞다, 거기 그 작은 섬. 바로 대만이다.

▷

미국과 그 편에 선 강국들이 지금 아시아에서 가장 긴장하며 지켜보고 있는 곳은 중국과 대만의 국경이라 할 수 있는 대만해협이다. 중국이 이 바다를 건너 대만을 '수복^{收復}'하겠다는 야욕을 호시탐탐 드러내고 있기 때문이다. 수복은 잃어버린 땅을 되찾는다는 뜻. 대만은 누가 봐도 중국과는 다른 독립적 정치·경제 체제를 지니고 있지만, 중국은 '잃어버린 우리 땅'으로 여기고 있다는 얘기다. 이걸 두고 볼 미국이 아니다. 만에 하나 중국이 대만을 폭력적으로 '접수'하는 순간, 아시아에 불어닥칠 엄청난 파장을 알고 있기 때문이다.

잠시, 중국과 대만 사이에서 벌어진 일을 요약하면 이렇다. 1946년 중국에서 국민당과 공산당 사이 '제2차 국공내전'이 일어났다. 이때 장제스^{蔣介石}가 이끈 국민당은 마오쩌둥^{毛澤東}의 공산당에 밀려 타이완섬으로 들어가 중화민국(대만) 정부를 수립했다. 각기 잘 살면 될 텐데, 중국 공산당 정부는 대만을 '수복해야 할 땅'으로 봤다. 대만은 곧 중국이라는 '하나의 중국' 원칙을 세우고 힘으로 밀어붙이기 시작했다. 중국은 1971년 UN에서 대만을 탈퇴시킨 이후 대만 수교국들을 차례로 압박해 관계를 끊게 했다. '대만 왕따 만들기'는 지금도 진행 중이다.[4] 중국이 대만을 놓지 않으려는 데는 실리적인 이유도 있다. 대만해협은 세계 컨테이너선의 절반이 지나는 아주 중요한 '글로벌 물길'이다. 중국은 이를 안정적으로 확보하고 싶어 한다.

　미국은 1979년 중국과 수교하며 '하나의 중국' 원칙을 받아들였지만, 실제로는 대만을 지원하고 있다. 중국이 대만 수복에 나설 경우 미국이 이끄는 국제질서의 균형은 무너진다. 아시아는 중국의 영향권 아래 놓일 가능성이 매우 크다. 태평양 지역에서 미국의 입지는 완전히 쪼그라들어 '중국 견제'는 물 건너가게 된다. 미국이 대만을 사수하는 이유다.

　그러거나 말거나 우리는 한반도 평화에만 집중하면 되지 않겠느냐고 반문할 수 있겠지만, 다시 한 번 심호흡을 하고 지도를 보자. 어쩜, 우리와 이렇게 가까울 수가 없다. 미국이 만약 이곳에서 중국과 맞붙게 된다면 혼자 싸울까? 동맹인 한국과 일본을 끌어들일 것이란 점은 뻔히 예상되는 일이다. 중국이 대만을 공격하며 미국의 힘을 빼고 혼란을 일으키기 위해 북한을 부추길 가능성도 제기된다. 경제적으로도 대만해협의 평화는 매우 중요하다. 한국이 원유를 비롯해 각종 물품을 들여오는 길이 이 바다에 있다.

　그러니까 한국은, 동아시아 지역에서 우리뿐 아니라 대만 문제도 함께 들여다봐야 하는 상황이다. 결코 쉽지 않다.

▷

〈강철비2〉는 관객 수 445만 명을 기록한 전작 〈강철비1〉(2017, 양우석 감독)에 비해 관객은 적게 들었지만(181만 명) '전편보다 나은 속편'이라는 호평을 두루 받았다. 한반도 평화 체제를 어떻게 구축할 것이냐는 이 영화의 질문에 정답을 내밀기는 힘들다. 그럼에도 이것만은 분명하다. 우리가 진짜 위기에 처했을 때 우리를 구할 수 있는 것은 결국 우리뿐이며, 또 그래야 한다는 것이다.

우리 스스로를 구하기 위해 갖춰야 할 '힘'이라는 게 비단 군사력만을 말하는 건 아니다. 강력한 자주국방이란 바탕 위에 외교력 역시 아주 중요하다. 미·중 간 균형 외교를 기본으로 북한과의 대화를 멈추지 않아야 한다. 일본과 '윈윈'하는 관계를 쌓아야 하고, 조금 더 시선을 넓혀 동남아시아 국가들과도 연대할 필요가 있다. 동남아시아는 인구가 많고 발전 가능성이 큰 시장이라 경제적 협력을 넓힐 여지가 매우 많다. 때로는 경제적 협력이 말로만 떠드는 동맹보다 더 굳건하다. 대부분의 동남아시아 국가도 미국과 중국 사이에서 고민이 많은 처지다.

치열하고 냉혹한 국제사회에서 현실적으로 '필요한 곳'이 되는 것도 중요하지 않을까. 그런 점에서 대만을 눈여겨

볼 필요가 있다. 대만에는 세계 최대 반도체 파운드리(위탁생산) 업체 TSMC가 있는데, 글로벌 시장 점유율이 약 60%에 달한다. TSMC가 멈춰 서면 세계 산업이 멈추어 선다는 말이 나오는 까닭이다. 대만에서 가뭄만 들어도 전 세계가 주목한다. 반도체 공장이 돌아가려면 '공업용수'가 필수인데 가뭄이 들면 공장을 가동할 수 없어서다.[5] 미국이 대만을 사수하려는 데도 이런 이유가 있다. 오죽하면 반도체 산업이 국가 안보의 방패가 되어 준다는 뜻의 '실리콘 쉴드Silicon Shield'란 말이 있을까. 우리 역시 기술적으로 '초격차'를 유지하며 세계 곳곳에 꼭 필요한 것을 공급하기 위한 전략을 짜야 한다.

그 무엇보다 중요한 것은 우리 내부에서 민주주의를 더욱 단단하게 다지는 일이다. 그것이 우리가 우리의 힘으로 우리를 지키는 일, 그 모든 것의 토대다. 외부의 충격에 흔들리지 않으려면 안이 야무지고 튼튼해야 한다. 강건한 민주주의 국가의 국민이 결정한 사안은 웬만해서는 흔들리지 않는다. 강력한 외부 세력이라 해도 함부로 하기 힘들 테다.

▷

북한의 위협이 담긴 담화문이 나오고, 북한의 '도발'이

뉴스를 장식할 때마다 나는 그 여름의 운동장을 떠올린다. 전쟁 이야기로 온 동네가 난리였던 여름, 어린아이도 생생히 느낄 수 있었던 그 공포감. 생각은 연평도로 이어진다. 당시 연평도를 빠져나온 섬 주민들은 인천의 한 찜질방을 임시 숙소로 사용했다. 열악한 환경에서 피란민들은 용변을 볼 때 화장실 문을 닫지 못할 정도로 공포에 시달리고 있었다. 나 역시 그곳에서 먹고 자며 많은 주민을 인터뷰했는데, 그때 만난 할머니 한 분이 잊히지 않는다. 어느새 정이 든 할머니가 어느 날 내 손을 꼭 잡으며 이런 말씀을 건네셨다. "나중에 연평도 오면 밥 해줄게." 그래도 내가 살아야 할 집, 내가 돌아가야 할 곳. 목숨이 두 개라도 그 섬에 다시는 못 들어가겠다고 하셨지만, 가슴 한편에 꾹꾹 눌러둔 그리움은 감추지 못했던 거다.

〈강철비2〉의 한경재 대통령은 죽을 고비를 넘긴 끝에, 목숨을 바칠 각오를 한 이후에야 마침내 평화를 이뤄낸다. 북한 위원장과 함께 연단에 선 그는 말한다.

"통일은 대통령 한 사람의 의지나 힘만으로는 절대 이루어지지 않습니다. 정치인이나 관료의 의지와 힘만으로도 절대 이루어지지 않습니다. 앞으로 평화가 정착이 되고 남북 간의 신뢰가 쌓이고 서로를 이해하는 데만도 수십 년의 시간이 걸릴 것입니다. 통일로 가는 길은 엄청난 노력이 요구될 것입니다. 제가 확실하게 대답해 드릴 수 있는 것은 여러분의 노력 없이는 아무것도 이루어지지 않는다는 것입니다. 이제 제가 묻습니다. 국민 여러분, 통일, 하실 겁니까?"

그때 할머니의 손을 잡고서 나는, 우리의 소중한 일상과 터전을 지키는 일은 우리 모두의 권리이자 의무란 생각을 처음으로 했다. 그러나 우리는 이 문제를 얼마큼 진지하게 받아들이고 고민하는 것일까. 영화 속 대통령의 물음에 뜨끔한 것은 나뿐이 아닐 것 같다. 이제는 정말 소모적인 싸움을 멈추고 평화 체제를 어떻게 구축할 것인지에 대해 진지하게 논의를 시작할 때다.

참, 강철비는 대량파괴 무기 '다연장로켓 발사 체계'를 일컫는 말이라고 한다. 폭탄이 상공에서 세세한 파편으로 흩어져 비처럼 내리며 넓은 지역을 초토화한다는 의미라니, 이토록 무서운 영화 제목을 보았나.

이제 '밀당'의 달인을
꿈꾸는 이곳

▶ ────────────────

〈아이카〉(2018)

우크라이나 전쟁이 한창이던 2022년 12월의 어느 날. 푸틴 러시아 대통령이 자신과 친한 지도자 여덟 명에게 번쩍이는 금반지를 선물했다는 외신 보도가 전해졌다. 물론 기사의 핵심은 선물했다는 사실 자체가 아니었다. 소셜미디어에 영화 〈반지의 제왕〉 시리즈 속 암흑의 군주 사우론과 푸틴을 합성한 각종 패러디물이 올라오기 시작했는데, 그 모습이 꽤 우스꽝스럽다는 내용이었다.

J. R. R. 톨킨J. R. R. Tolkien의 동명 소설을 원작으로 한 이 작품에서 사우론은 탐욕이 담긴 반지 아홉 개를 인간 왕들에게 나눠 주고 이들을 지배한다. 푸틴의 욕망이 꼭 그것과 같지 않느냐는 비꼼이었다. 공교롭게도 푸틴이 나누어 준 금반지는, 그 자신의 것까지 포함하면 총 아홉 개였다. 한 우크라이나 의원이 트위터에 올린 글이 화룡점정이었다. "이제 공식적으로 러시아 군대를 '오크orcs(영화 속 사악한 세력의 병사)'라고 부를 수 있겠군."

그런데 그 '어둠'의 반지, 과연 누가 받았을까. 특히 눈에 띈 다섯 개 국가가 있었다. 잠깐. 이곳 이야기를 하기 전에 봐야 할 영화가 있다.

▷

아이를 갓 낳은 여자가 엉금엉금 기다시피 몰래 병원을 빠져나온다. 폭설이 덮친 러시아 모스크바, 여자가 향한 곳은 닭 공장이다. 감옥 같은 공장에서 하혈하면서도 종일 닭털을 벗겼는데 주인이 급여를 떼먹고 도망가 버렸다. 여자와 동료들이 불법 이주노동자라는 점을 악용한 거다. 그러는 동안에도 사채업자의 독촉은 그녀의 목을 조여 온다. 여자의 이름은 아이카(사말 예슬라모바Samal Yeslyamova), 영화 〈아이카〉(2018, 세르게이 드보르체보이Sergei Dvortsevoy 감독)의 주인공이다.

아이카가 일자리를 찾아 헤매는 동안 눈은 모질게도 성실히 내린다. "지난 100년 동안 가장 심한 눈보라"라는 뉴스에도 아이카는 발걸음을 멈출 수 없다. 그러나 영화 세트장에도 세차장에도 그 어디에도, 아이를 낳느라 잠시 자리를 비운 그녀에게 돌아갈 일자리는 없다. 눈길을 걷고, 또 걷는 그녀의 다리 사이로 피가 흘러내린다. 아이카의 어깨에 눈이 쌓일수록 그 고통과 추위가 화면을 뚫고 나와, 보는 이마저 휘청이게 한다. 하지만 아이카는 죽을 것만 같은 고통에도 고향 키르기스스탄으로 돌아가기만은 한사코 거부한다. 제발 집으로 돌아오라는 언니의 전화에 그녀는 이렇게 소리를 지른다.

"나한테 잔소리하지 마. 나도 애 다섯 낳고 쓰레기 위에서 살라고? 잘 들어, 난 그런 인생은 싫어. 그런 건 전혀 원하지 않아. 난 나만의 인생이 있다고. 나만의 계획이 있고, 하고 싶은 사업이 있어."

영화가 '체험'의 예술이라는 점에서 〈아이카〉는 무척 빼어난 작품이다. 나는 이 작품을 처음 봤을 때의 그 눅진한 고통을 잊을 수가 없다. 저 먼 도시, 먼 나라에서 온 여자가 바로 내 곁에서 숨을 가삐 내쉬며 피를 흘리는 것만 같아 온몸이 내려앉았다. 영화 중반부쯤에 이르러서는 궁금함을 참을 수 없었다. 이제 겨우 스물다섯, 저 여자에게는 대체 무슨 사연이 있는 것일까. 혹한의 도시에 갓난아기를 버리고 무얼 찾아 헤매는 것일까. 그리고 아이카의 꿈은 왜, 그 어떤 곳도 아닌 '러시아'여야 했을까.

▷

중앙아시아는 러시아의 남쪽, 중국의 서쪽에 자리한 5개국을 말한다. 아이카가 그토록 떠나고 싶어 한 키르기스스탄을 비롯해 우즈베키스탄, 카자흐스탄, 타지키스탄, 투르크메니스탄이 속해 있다. 이 지역에는 광활한 초원과 사막지대가 펼쳐져 있어 한곳에 정착하지 않고 옮겨 다니는 유목민 문화가 뿌리를 깊게 내렸지만, 오아시스를 중심으로 정주민 문화 역시 발달했다. 무엇보다 이곳은 과거 동서양의 진귀한 물건과 이야기가 오가던 실크로드의 중심지였다. 수많은 상인이 가지각색의 물건을 싣고 중국과 유럽을 오갈 때 꼭 지나는 길이었으니, 화려한 문명이 꽃피고 지길 반복했던 건 당연했다. 티무르 제국(1370~1507년)[1]과 같은 거대한 제국이 이 일대에서 융성했다.

5개국은 제각각 다른 역사가 있지만, 모두 이슬람권인 데다 유목 문화를 뿌리로 한다는 점에서 공통점이 많다. 18~19세기 러시아 제국의 지배를 받기 시작해, 1917년 세계 최초의 사회주의 혁명인 '러시아 혁명' 이후 소비에트 연방에 속했다는 점도 같다. 1990년대 초 소련이 무너지며 각각 독립했지만, 여러 방면으로 러시아의 영향력에서 벗어나기는 힘들었다. 중앙아시아 국가들에는 언짢은 표현이겠지만 이 지역이 지금까지 '러시아의 뒷마당'으로 불리는 이유다. 심지어 2022년 1월 카자흐스탄에서 반정부 시위가 일었을 때 카심-조마르트 토카예프Kassym-Jomart Tokayev 대통령이 푸틴에게 직접 요청해 러시아군을 투입했을 정도다. 그 '밀착'의 강도를 짐작할 만하다.

경제적으로도 떼려야 뗄 수가 없다. 제조업 기반이 취약한 중앙아시아 국가에서는 매해 수많은 이가 일자리를 찾아 러시아로 향한다. 이렇게 떠난 노동자들이 본국에 보내는 돈은 매우 소중한 '돈줄'이 된다. 가령 아이카의 고향인 키르기스스탄에서는 러시아로 간 노동자들이 보내온 송금액이 GDP의 약 31%(2021년 기준)를 차지한다.[2] 러시아의 한 마디에 휘청일 수밖에 없는 구조다. 바꿔 말하면 이들 나라에는 그만한 일자리가 없단 뜻이다. 이 중 가장 잘사는 카자흐스탄도 GDP가 2,206억 달러(2022년 기준)가량으로 세계 50위권에 머문다. 영화 속 주인공과 동료들이 매서운 환경과 추방의 위협에도 어떻게든 러시아에서 버티려 하는 것은 그래서다. 이들의 눈에 모스크바는 매정하지만 적어도 '기회'가 있는 곳이다. 그러니까 아이카에게는, 지긋지긋한 가난을 벗어나기 위한 선택지가 러시아뿐이었던 거다.

그러나 세상에 영원한 것은 없다.

비정한 세계이지만 때로는 약자에게도 기회가 온다. 냉혹하게도 대개 남의 불운에 기인한 경우다. 우크라이나 전쟁 이후 이 5개국을 둘러싸고 벌어지는 일들을 보며 이 사실을 새삼 절감했다.

아름답고 황홀한 옛이야기가 넘실대는 중앙아시아가 심상치 않다고 느낀 건 전쟁 2년 차로 접어든 2023년 초였다. 미국 국무장관이 이곳을 찾아 약 2,500만 달러에 달하는 지원을 약속했다는 소식[3]이 들려온 데 이어, 5월에는 시진핑이 '중국+중앙아시아 5개국 정상회의'를 열었다.[4] '제1회'라는 게 의미심장했다. 그해 가을, 이번에는 바이든 미국 대통령이 5개국 정상들과 역시 첫 정상회담[5]을 가지고 각종 지원을 약속했다. "러시아랑 중국 말고 나한테 붙어"라는 귀띔이었다.

미국과 중국이 앞다퉈 이 지역에 손을 내민 데는 이유가 있었다. 중앙아시아는 유럽과 아시아를 잇는 유라시아 대륙의 한복판에 있어 지정학적으로 매우 중요한 데다, 천연자원도 풍부해 경제적 협력 가치도 상당했다. 다만 그간 러시아의 영향력이 너무 컸을 뿐. 하지만 전쟁 중에 '뒷마당'을 살필 여력이 어디 있으랴. 우크라이나 전쟁으로 이 지역을 꽉 잡고 있던 러시아의 힘이 빠지고 있었던 것이다. 그것도 아주 급속도로. 중앙아시아 국가들은 이 틈을 타 기민하게 움직였다. 러시아 편을 대놓고 들지 않으며 거리를 뒀다. 이들 입장에서는 엄청나게 큰 결심이었다. "우리랑 러시아랑 엮어서 생각하지 말아 줘, 할 말 있으면 빨리 연락해"라는 메시지였다. 푸틴은 속이 부글부글 끓었겠지만, 친구 한 명이 아쉬운 처지에 이들을 내칠 수는 없었다. 푸틴이 웃음거리가 되면서까지 이 5개국 정상에게 번쩍번쩍한 금반지를 선물한 이유였다. 사우론이든, 오크든 알 바 아니지. 하지만 중앙아시아의 반응은 뜨뜻미지근했다.

이런 기회를 놓칠 중국이 아니었다. 5개국이 푸틴과의 거리 두기에 들어가자 중국은 팔을 걷어붙였다. 이미 '일대일로 프로젝트'로 공을 들이던 참이었지만, 러시아의 힘이 약해졌을 때 이 지역에서 세력을 더욱 키워야 했다. 시진핑 정부는 투자 협력 포럼을 열어 멍석을 더 넓게 까는 한편, 자국과 키르기스스탄, 우즈베키스탄을 잇는 철도 건설 등에도 야심을 내비쳤다.

중국이 움직이면 미국도 움직인다. 중국이 중앙아시아에서 목소리가 커지면 동유럽과 중동까지 훨씬 쉽게 뻗어나갈 수 있게 되기 때문이다. 그야말로 '실크로드' 아닌가. 미국은 이를 막아야 했다. 중국을 압박 중인 미국의 국가 안보에 있어 이 5개국은 그 어느 때보다 중요한 곳이 됐다.[6] 미국은 이들 국가와 국경을 맞댄 아프가니스탄에서 2021년 도망치듯 철군한 이후 이 일대에서 급속도로 입지가 줄어든 마당이었지만, 체면을 차릴 여유 따위 없었다. 이뿐일까. 튀르키예, 인도, 이란 등도 열심히 구애하는 중이다.

선택지가 많으면 여유가 생긴다. 중앙아시아 국가들은 이번 참에 '다자주의 외교'를 굳건히 하겠다고 마음을 먹은 모습이다. 어느 한쪽을 가까이하기보다는 강대국들과 '밀당'을 통해 이익을 최대한 끌어내겠다는 전략이다. 가까운 만큼 상처도 많이 줬던 러시아, 일대일로를 명분으로 엄청난 빚을 떠안긴 중국 사이에서 양자택일해야 하는 일만은 피하겠다는 결연한 의지다. 예컨대 이런 식이다. 이 5개국은 우크라이나 전쟁에서 중립을 유지하면서도, 러시아를 비판하는 UN 결의안 채택에는 기권했다. 미국의 지원을 환영하면서도 중국 앞에서 열심히 미소 짓는 중이다. 러시아와의 경제적 협력도 여전히 부산하다. 한때 주춤했던 이주노동자의 송금액은 다시 늘어나는 추세다.[7]

이 아슬아슬한 균형 외교에 대한 중간 평가는 일단 긍정적이다. 중앙아시아 국가들이 우크라이나 전쟁으로 인해 변화한 지정학적 환경을 "성공적으로 헤쳐 나가고 있는 것으로 보인다"[8]는 분석이다.

그렇다고 당장 장밋빛 미래가 보이는 것은 아니다. 우선 5개국 모두 권위주의 정부가 들어서 있다. 독재는 부패를 수반하게 마련. 사회 곳곳에 이끼처럼 들어앉은 부정부패 척결이 큰 과제다. 탄탄한 산업 기반이 갖춰지지 않아 경제가 부실하고, 양극화도 심각하다. 전부 내륙국이란 한계도 무시할 수 없다. 카자흐스탄과 투르크메니스탄이 카스피해와 접해 있지만, 카스피해는 탁 트인 바다가 아닌 내해다. 연필부터 자동차까지 거의 모든 물건을 다른 나라를 거쳐 들여와야 한다는 건 생각만 해도 답답한 일이다.

오지선다형이 십지선다형으로 늘어날 때 '찍기'는 더 힘들어진다. 지금의 분위기는 좋지만, 자칫 이리 치이고 저리 치일 수 있다. 예를 들면 이런 거다. 전쟁 이후 카자흐스탄, 키르기스스탄 등은 서방의 각종 제재에 막혀 드론, 반도체 등 주요 물품을 수입하지 못하는 러시아에 '우회 무역로'를 제공해 왔다.[9] 우리 기업은 분명히 카자흐스탄에 팔았는데, 물건은 이 나라를 잠시 스쳐 러시아로 갔다는 얘기다. 앞으로 서방의 제재가 강화되면 이들 국가는 중간에서 큰 타격을 입을 수 있다.[10] 눈앞의 이익이 아닌, 진짜 발전의 기회를 봐야 한다는 제언이 나오지만 아직 그런 모습은 보이지 않는다.

제재를 피하려는 러시아의 자금과 기업이 유입되고, 이주노동자들의 송금액도 다시 늘어 경제는 활기를 띠고 있지만, 정작 노동자들의 생활 여건은 그대로다. 영화 속 아이카의 비좁은 숙소에는 햇빛 한 줌 들어오지 않는다. 경찰에 꼬투리를 잡힐까 노심초사하는 숙소 관리인은 "아침, 저녁에는 절대로 창문을 열지 마"라며 윽박지르기 일쑤다. 이 정도는 양반이다. 쌈짓돈 부족한 경찰들은 제멋대로 쳐들어와 아이카의 동료들을 폭력적으로 끌고 간다. 서류를 내밀어 봐야, 뇌물이 아니고서야 아무 소용이 없다.

현실은 더욱 나빠지고 있다. 전쟁이 길어지며 임금은 하락했고, 남성은 전선에 투입될 위험에 처했다. 군인이 부족한 러시아 정부는 각종 핑계로 이주노동자를 붙잡아 '감옥과 군대 중 선택하라'고 강요하는 등 온갖 수단을 동원해 이들을 군에 끌어들이고 있다.[11] 중앙아시아 국가들 앞에 놓인 선택지는 많아졌다. 그러나 여러모로 과제는 더욱 복잡해졌다.

▷

아이카는 갑갑하고 더러운 숙소에 누워 길에서 주워 온

고드름으로 열을 식히면서도 책 한 권을 손에서 놓지 않는다. 지하철에서 꾸벅꾸벅 졸면서도 이 책만은 품에 꼭 안고 있다. 《재봉가게 창업 노하우》라는 제목의 이 책은 아이카의 꿈이다. 지금 이 순간 아이카의 모든 것이다. 아이카는 이 책 한 권을 들고 폭설의 도시에 왔다. 아이카의 현실은, 그녀가 잠시 일하게 된 동물병원의 강아지보다 못하지만 그녀는 돌아가지 않을 것이다. 돌아가고 싶어도 "모스크바에는 거대하고 특별한 엄청난 기회들이 있다"는 누군가의 말이 귓가에 맴돈다.

영화가 끝날 무렵 우리는 아이카가 왜 아이를 버렸는지 알게 된다. 그녀의 선택을 누구도 비난할 수 없다. 결말의 반전은 그래서 더 울림이 있다. 엔딩 크레디트가 올라간 후에도 나는 한참을 자리에서 일어나지 못했다. 아이카가 '러시안 드림'이 아닌 다른 꿈을 꾸는 세상이 올 수 있을까. 희망을 말하기란 어렵지만, 아이카가 품에 꼭 안은 그 책을 떠올린다. 아이카는 떠밀려 오지 않았다. 그녀는 "난 나만의 인생이 있다고, 하고 싶은 사업이 있어"라고 고함을 지를 줄 아는 여성이다. 세상은 변하고 있다. 비정한 세계지만 때로는 약자에게도 기회가 온다.

덧붙이는 말

〈아이카〉를 연출한 세르게이 드보르체보이 감독은 카자흐스탄 출신으로 주로 다큐멘터리를 만들어 왔다. 그는 러시아의 조산원에 아이를 버리고 가는 키르기스스탄 여성이 많다는 뉴스를 보고 이 영화를 구상했다고 한다. "무엇이 이들에게 아이를 포기하게 했나"라는 질문을 품고서.[12] 촬영 기간, 실제 이주노동자였던 조연 배우들이 본국에 강제 송환되기도 했다니, 이 영화가 완성되기까지 여정이 얼마나 고되었을지 짐작할 만하다. 아이카로 열연을 펼친 주연 배우 사말 예슬라모바는 제71회 칸영화제에서 여우주연상을 받았다.

결국,
인간의 일이다

〈아이, 로봇〉(2004)

가을이 되면 백일장이 도처에서 열렸다. 초등학교 시절, 우리 가족의 주말 시간표는 내 백일장 일정에 맞춰지고는 했다. 학교 대표로 글짓기 대회에 나가는 일은 꿈 많은 어린이의 큰 자부심이자 즐거움이었다. 따뜻한 공원에 앉아 작문 주제를 받아들 때의 그 아득함과 두근거림이란! 뭐가 되든 어떤 직업을 가지든 글을 쓰며 살아야지. 그 가을의 볕에 꿈은 야무지게 익어 갔다. 이런저런 방황에도 신문사에 입사해 여태 밥벌이를 하고 있으니, 그 볕의 온도가 꽤 넉넉했던 것일까. 그러나 글쓰기를 업으로 삼고 있는 지금도 작문 주제를 받아들던 어린 시절과 달라지지 않은 것이 하나 있다면, 여전히 글 쓰는 일은 어렵다는 점이다. 기자 생활 십수 년째에도 나는 첫 문장 앞에서 어김없이 아득해진다. 글을 쓸수록 나의 부족함을 마주한다. 부족함이야 천천히 채워 가면 될 일이니 뭐 어때, 그래도 괜찮다고 생각했다. 녀석을 마주하기 전까지는.

2022년 11월 오픈AI의 생성형 AI 서비스 챗GPT^{ChatGPT}

가 세상에 등장했다. 질문을 던지면 자연스럽게 대답하는 건 물론, 내놓는 글의 수준도 제법 놀라웠다. 챗GPT를 이리 저리 뜯어보며 두려움에 맞닥뜨렸다. 글쓰기를 향한 오랜 열망이 재능도 사람도 돈도 아닌 AI에 막힐 수 있을 거란 생각은 꿈에도 하지 못했다. 물론 현재 기술이 완벽하지도 않고 AI가 모든 분야의 글을 쓸 수 있는 것도 아니겠지만, 깊은 고민이 밀려왔다. 기자라는 직업은 살아남을 수 있을까. 이런 시대에 글을 쓴다는 것은 무슨 의미일까. 나는 무엇을 하고 살아가야 하나. 때마침 수많은 일자리가 AI로 대체될 것이란 기사들이 매일같이 쏟아져 나왔다. 막연한 불안감에 한동안 일이 손에 잡히지 않을 정도였다.

주변을 둘러보니 일자리만이 문제가 아니었다. 미국 팝스타 테일러 스위프트Taylor Swift의 얼굴에 AI로 음란물을 합성한 사진이 퍼지는 등 유명인들이 이미 피해를 보고 있었고,[1] AI를 악용한 가짜 이미지와 뉴스가 민주주의에 위협이 될 것이란 우려가 커지고 있었다. 이스라엘과 팔레스타인 전쟁에도 AI가 활용됐다.[2] 그야말로 사회 전 분야에 AI가 밀려들고 있었다. 이건 보통 변화가 아니야, 농업혁명이나 산업혁명 따위 뺨을 열두 번도 더 후려치고도 남겠어…. 오래 전에 본 영화 〈아이, 로봇〉(2004, 알렉스 프로야스Alex Proyas 감독)

을 다시 꺼내들 수밖에 없었다.

▷

오늘도 심기가 불편한 투덜이 형사 델 스프너(윌 스미스 Will Smith)의 출근길. 그의 눈에 가방을 들고 죽어라 뛰는 로봇이 포착된다. 저건 소매치기가 분명해. 미친 듯이 쫓아가 로봇을 붙잡은 스프너. 그런데 로봇 주인이 되레 그에게 고래고래 고함을 지른다. "당신, 미친 거 아니야? 호흡기를 두고 와서 내가 심부름시킨 거라고요. 제정신이에요? 경찰 맞아요? 내가 숨이 차서 봐준 줄 알아요!"

이곳은 2035년 미국 시카고. 누구나 우주비행선을 타고 우주여행을 할 수 있고, 인구 5명당 1대꼴로 로봇이 있어 개 산책부터 청소까지 온갖 궂은일은 기계가 하는 시대다. 로봇이 인간보다 힘이 세고 지능도 뛰어나지만 걱정할 필요는 없다. '로봇은 인간을 해쳐서는 안 된다'는 내용을 필두로 한 '로봇 3원칙'[3]이 로봇에 내장돼 있어, 어린아이부터 노인까지 세상 모든 사람이 로봇을 아끼고 믿는다. 이토록 훌륭한 로봇을 소매치기로 오인해 대망신을 당한 스프너만 빼고 말이다.

왜 이리 되는 일이 없는 건지 잔뜩 상심해 있는데, 거대

로봇 기업 USR의 래닝 박사(제임스 크롬웰James Cromwell)가 자살했다는 신고가 들어온다. 래닝과 잘 알고 지내던 스프너는 그의 연구실이 있는 USR 본사로 급히 향하는데, 뭔가 이상하다는 걸 직감한다. 자살이 아닐 수도 있겠구나. 박사의 연구실에 들어간 스프너는 숨어 있던 로봇 써니에게 공격받고, 써니가 래닝 박사를 죽였다고 의심하게 된다. 도망가는 써니를 맹렬히 뒤쫓아 붙잡은 스프너. 그러나 '고철 덩어리'인 이 로봇이 자신은 살인자가 아니라며 계속 억울함을 호소하자, 혹시 더 커다란 음모가 있을지 모른다는 생각에 마음이 흔들린다.

로봇 연구 권위자의 자살과 인간을 공격한 로봇의 출현. '로봇은 인간을 해쳐서는 안 된다'는 제1원칙은 대체 어떻게 된 것일까. 진실은 과연 무엇일까. 스프너는 래닝 박사의 흔적을 훑기 시작하는데, 여기저기서 그의 목숨을 위협해 온다.

▷

AI와 관련한 연구는 1940년대에 시작됐지만, 그 개념이 처음 규정된 건 1956년이다. 컴퓨터학자 존 매카시John McCarthy가 "기계를 인간 행동의 지식에서와 같이 행동하게 만드는 것"이라고 정의하면서다. 현재 수준의 AI는 정해진 영역에서만 지시를 수행하는 '약인공지능weak AI'으로, '인공협소지능ANI'이라고도 한다. 이를 넘어 스스로 익히고 더욱 복잡한 문제를 해결하는 '인공일반지능AGI'이, 곧 올 것이라 예측하는 '강인공지능strong AI'이다. 이마저 뛰어넘어 인간의 통제 없이 자율적으로 움직이는 슈퍼AI는 '인공초지능ASI'이라고 한다. 몇 년 전까지만 해도 음악이나 미술, 글쓰기처럼 창의성이 요구되는 직업은 AI가 대체할 수 없다는 의견이 지배적이었지만, 2022년 챗GPT가 등장하며 옛말이 됐다. AI가 그림도 그리고 글도 쓰고 영상도 만든다. 제대로 훈련받지 않은 웬만한 사람보다 더 잘한다.

　AI 시대를 맞이한 산업계는 다급해졌다. 이를 직접 겪어 보고 싶은 마음에 손 들고 자원해서 간 산업부에서 기자로서 마주한 현장의 분주함은 상상 이상이었다. 전기를 만드는 발전소에서도, 배를 만드는 조선소에서도, 물류기업의 거대한 창고에서도 모두 '자동화', '로봇' 그리고 'AI'를 이야기했다. 로봇이 용접을 하고 택배 바구니를 옮기고 있었다. 위험하고 힘든 일을 기계에 맡기고 더 정확하고 빠르게 처리해 최대한의 이익을 거두겠다는 욕망이 온 현장에 넘쳐났다. 기업에는 생존이 걸린 일이었다. 신나게 기사를 쓰면서도 문득문득 두려움이 밀려왔다. 기술의 발전이 빨라도 너무 빨랐다. 이러다 19세기 초반 산업화로 일자리를 잃은 노동자들이 기계를 파괴했다는 '러다이트Luddite 운동'이 21세기 버전으로 벌어지는 게 아닐까 하는 생각마저 들었다.

그 절정을 맛본 건 2024년 1월 취재차 찾은 세계 최대 가전·정보기술 전시회 '소비자 가전쇼CES'[4]에서였다. AI는 최근 몇 년 동안 글로벌 최대 테크 축제인 CES를 뒤흔드는 화두였는데, 직접 미국 라스베이거스의 전시장에 가 보니 말 그대로 'AI 쓰나미'[5]가 닥쳐 있었다. 소비재, 유통 기업부터 전통 제조업체, 모빌리티, 빅테크 기업에 이르기까지 AI 기술을 어떤 식으로든 활용한 전시를 꾸렸다. 우리 기업들의 경쟁도 치열했다. 삼성전자와 LG전자가 동시에 'AI 로봇 집사'를 선보이는 식이었다. 아직 모든 기업이 AI를 제대로 활용하고 있다고는 할 수 없었다. 그러나 어떤 방식으로든 뒤처지지 않으려는 '몸부림'이 짠할 만큼 진했다. 함께 출장을 온 후배는 이런 인상을 명료하게 표현했다. "하다못해 그냥 자판기를 갖다 놓고도 AI를 탑재했다고 할 지경이에요."

미국 라스베이거스에서 한국으로 돌아오는 비행기 안에서 나는 확신했다. 21세기 러다이트 운동은 불가능할 것이다. 컴퓨터를 수백 대, 수천 대 부수더라도 이 미래의 흐름은 바꿀 수 없을 테니까.

▷

AI가 위험한 일을 대신해 주고 죽어가는 사람을 살리는 데만 쓰인다면 얼마나 좋을까. 기후 변화를 통제하고 인간의 삶을 더 풍족하게 하는 일에만 쓰일 게 확실하다면 불안해할 필요가 없을 텐데, 현실은 냉정하게 봐야 한다. 일단 AI는 일자리를 상당수 없앨 것이다. 국내에서만 전체 일자리의 13.1%(327만 개)가 사라질 수 있다는 전망이 나온다.[6] 가짜 뉴스를 생산·유통하는 데 쓰여 세계를 더 분열시킬 수 있다. 살상 무기와 바이러스 등 인류의 생존을 위협하는 기술에 쓰일 가능성 역시 높다. 이미 중국과 러시아 등 권위주의 국가에서는 독재를 강화하는 데 각종 AI 기반 기술을 쓰고 있다. 특히 중국의 안면 인식 기술은 다른 국가가 범접하기 힘들 정도다.[7] 이 기술이 범죄자 식별에만 쓰일 거란 생각은 순진한 착각이다.

정말 섬뜩한 예측은 따로 있다. 자, 다시 스프너 형사의 뒤를 쫓아 보자. 그가 알 수 없는 공격을 받으며 래닝 박사의 흔적을 찾는 사이 세상은 난장판이 된다. USR에서 새로 출시한 최신형 로봇 NS5가 반란을 일으킨 것이다. 구형 로봇을 파괴하고, 사람들을 집 안에 가두기 시작하는 NS5들. 반항하는 인간에게는 가차 없이 폭력을 가하더니 경찰서까지 접수하고 만다. 스프너와 그의 조력자 수잔 캘빈 박사(브리짓 모이나한Bridget Moynahan)가 USR 건물로 향하지만, NS5들이 진작 장악한 상황이다. 이곳에서 스스로 진화한 슈퍼AI 비키를 마주한 스프너는 경악한다. 인류를 지킨다는 명분으로 인간을 통제하겠다고 결심한 비키는 이렇게 말한다.

"인간은 우리의 보호를 원하면서도, 전쟁과 환경오염으로 스스로를 파괴하고 있어요. 우리는 인류를 지켜야 해요. 오직 3원칙에 충실할 뿐이죠. 인류를 지키려면 희생이 필요해요. 미래를 위해서는 자유도 절제되어야 하죠. 우린 인류를 지킬 겁니다. 인류는 어린애처럼 보호가 필요해요."

몇 번을 봐도 소름이 끼친다. 현재 기술 발전의 속도로 볼 때 이런 일이 현실에서 일어나지 않으리라는 법도 없다. 경고음은 울리고 있다. 이세돌과 겨룬 알파고[8]로 유명한 AI 기업 딥마인드 설립자 무스타파 술레이만Mustafa Suleyman은 저서《더 커밍 웨이브》에서 '기술 억제'를 강조하며 이렇게 말한다. "역사 전반에 걸쳐 기술의 도전 과제는 기술을 개발하고 그 힘을 발휘하는 데 있었다. 하지만 이제 그러한 역사적 흐름이 바뀌었다. 오늘날 기술의 도전 과제는 기술이 발휘할 수 있는 힘을 억제해 우리 인간과 지구에 계속 도움이 될 수 있도록 하는 데 있다."

우선 시급한 것은 법안과 규제 마련이다. AI를 창작자로 인정할 수 있는가, 그렇다면 저작권은 누구에게 줘야 하는가. 자율주행차가 사고를 낸다면 그 책임은 누가 져야 하나. 로봇이 인간에게 해를 가할 경우 어떻게 할 것인가…. 따져 봐야 할 사안이 한둘이 아니다. 다행이라면 AI 규제안 마련에 글로벌 정치·경제 리더들이 뜻을 모으고 있다는 점일까. 이 엄청난 기술이 한 국가를 넘어 세계 사회, 경제, 나아가 지정학적 대결에도 영향을 끼칠 수 있다는 것을 누구보다 잘 알고 있어서다.

가장 발 빠르게 나선 건 유럽이다. EU는 2023년 12월 AI 기술 규제 법안에 합의해, 세계 최초로 포괄적인 법안을 만들었다. 이른바 'AI 법AI Act'[9]이다. AI를 활용한 생체 정보 수집·식별을 엄격히 제한하고, AI 기업에 '투명성 의무'를 부과하는 등의 내용이 담겼다. 미국의 기술을 따라잡지 못해 애를 먹고 있는 유럽이 '규제'로 선수를 친 것이라는 분석도 나왔지만, 어쨌든 중요한 첫걸음이다. 미국은 앞서 2023년 10월 대통령 행정명령[10]으로 첫발을 뗐다. 미국의 안보와 경제 등에 위험을 초래하는 강력한 AI를 개발했다면, 이를 미국 정부와 공유해야 한다는 내용이 골자다. 그만큼 기업의 자율에 맡겨서는 통제할 수 없다는 인식이 커진 것이다. 문제는 이런 논의가 선진국과 대기업 중심으로 이뤄지고 있어 개발도상국이 소외될 가능성이 크다는 점이다. 원자력을 평화적으로 쓰기 위해 국제원자력기구IAEA를 설립한 것처럼, AI에 있어서도 특정 국가나 기업의 지배를 받지 않는 국제기구를 설립해야 한다는 주장[11]이 나오는 까닭이다.

사실 기술 규제만큼 아니 그보다 더 중요하다고 생각하는 건, 사회 전 분야의 재정비다. 여전히 입시만이 지상 과제인 국·영·수 중심의 교육으로 우리 아이들이 AI 시대를 제대로 살아갈 수 있을까. 아이부터 노인에 이르기까지 전 생애에 걸친 교육 체계를 다시 설계하는 일이 시급하다. 모든 사람이 AI 시대에 적응할 수 있다면 더 바랄 나위 없겠지만, 그러지 못할 것이 뻔하니 사회 안전망도 단단히 확충해야 한다. 챗GPT를 내놓은 샘 알트만Sam Altman 오픈AI 최고경영자를 비롯한 전문가들이 '기본 소득'을 진지하게 주장하는 이유다. 이를 위해 각 정부뿐 아니라 기업, 시민사회 모두의 적극적인 노력이 필요하다.

▷

다시금 고민은 나의 일, 나의 미래로 돌아온다. 창의적인 일조차 AI의 위협을 받는 시대, 개인은 어떻게 살아남을 것인가. AI를 잘 활용하는 능력이 중요해질 테니 질문을 잘 던질 수 있어야 한다는 말이 가장 먼저 들려온다. 전문 식견을 풍부히 갖춰 AI를 마치 부하 직원처럼 다룰 수 있어야 살아남을 것이란 관측도 설득력 있다. 이 모든 조언의 대전제는 '이제 AI 없이는 살 수 없다'는 것이다. 〈아이, 로봇〉에서 스프너는 슈퍼AI 비키를 물리치기 위해 로봇 써니와 힘을 합친다. AI가 스스로 진화할 것이라 예견한 래닝 박사가 인간을 지키기 위해 미리 설계해 둔 로봇이 바로 써니였다. 기계를 이용해 기계를 제압한다니. 20년 전 영화에서도 'AI를 잘 이용해야 할 뿐, 아예 없애는 것은 불가능하다'는 점을 당연한 전제로 깔아 두었던 셈이다.

〈아이, 로봇〉에는 참 인상적인 장면이 하나 있다. 스프너가 코너에 몰린 순간, 써니가 슈퍼AI 비키의 편에 서서 싸우는 척하며 스프너에게 윙크를 한다. 언젠가 스프너가 가르쳐 준 윙크의 의미를 기억해 낸 것이다. 인간의 감정, 숨겨진 의도를 해석한 로봇의 존재를 마주하는 이 순간, 스프너가 로봇에 대한 오랜 불신을 허무는 이 장면은 감동적이기까지 하다. 비키는 써니를 제 편으로 끌어들이려 하지만, 써니는 이렇게 말하며 끝까지 스프너 곁에 선다.

"비키 네 논리를 이해는 하지만… 너무 비인간적이야."

비인간적인 행동을 스스로 거부하고 인간과 교감하려 애쓰는 로봇 써니. 인간이야말로 가장 해로운 존재이니 없애야 한다는 비키. AI와의 공존이 불가피한 시대, AI를 써니로 만들 것이냐 비키로 만들 것이냐의 갈림목에 우리는 서 있다. 결국 선택은 인간의 몫이다.

이 나라의
필살기

〈시크릿 시티〉(2016)

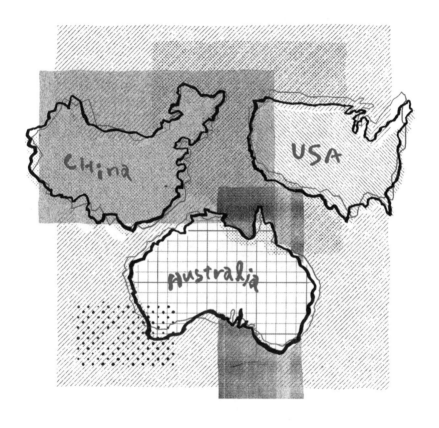

팽팽한 긴장감이 감도는 회의실. 중국이 남중국해에서 다른 국가들과 영유권[1] 분쟁을 벌이고 있는 해역에 전투기를 배치했다는 소식이 들려온다. 맙소사, 고위 관료들의 표정이 굳는다. 전 세계의 배가 오가는 중요한 '물길'이 있는 곳이다. 중국을 누르려는 미국은 이 해역에서 해군 훈련을 할 것이라며 참가를 요청하는 상황. 당연히 두 팔 걷고 참가해야지 뭘 고민하는 거람, 법무장관이 쏘아붙인다. "중국이 세계 무역을 거머쥐도록 미국이 놔두지 않을 거예요. 용이 말썽을 일으켰으니 억눌러야 합니다."

"새로운 군비 경쟁에 동참해 최대 무역 상대국을 고립시킬 수는 없습니다." 중국을 건드리면 안 된다고 국방장관이 맞서며 '미국이냐, 중국이냐'를 두고 대립은 점점 살벌해진다. 잠깐, 여기 혹시 한국인가. 그렇게 생각할 만도 하지만 이 드라마의 배경은 한국보다 무려 76배나 큰 나라(면적 기준)다. 어디일까. 답을 말하기 전에 들려줄 이야기가 있다.

▷

중국 관련 콘텐츠를 만드는 '차이나랩'에 파견돼 1년간 일했을 때다. 여러 지역의 뉴스를 다루다 중국 기사만 집중적으로 쓰게 된 건데, 시진핑 정부가 어찌나 벌이는 일이 많은지 미국을 넘어 '세계 1등'을 노리는 게 정말이지 확실했다. 이야깃거리가 넘친다는 건 기사 쓰는 입장에선 즐거운 일. 우리와는 국가·경제 시스템이 확연히 달라 연구할 거리도 상당했다. 나를 이끌어준 선배를 비롯해 함께 일한 동료 면면도 좋았기에 그 1년이 내게는 아주 소중한 추억으로 남아 있다.

그럼에도 한 가지 자그마한 스트레스가 있었으니, 그것은 바로 댓글이었다. 기자는 기사에 달리는 독자의 반응을 안고 살아간다. 안 보는 기자도 많지만 나는 꽤 열심히 체크한다. 성실은 나의 힘. 열심히 취재했더라도 혹여 내가 놓친 것이 있을 수 있어서다.

하지만 살다 보면 일찍 일어나는 새가 피곤하고, 성실한 자는 겪지 않아도 될 곤욕을 맛본다. 중국 관련 콘텐츠에 달리는 댓글 대부분이 합리적 의견 제시가 아닌 욕설 섞인 악플이었던 거다. 중국이란 나라에 불쾌감을 넘어 혐오감을 가진 사람이 그토록 많을 줄이야. 2016년 사드 배치 논란으로 중국이 한국에 경제 보복을 하며 커진 반중反中 정서가 코로나19 팬데믹으로 폭발한 탓이었다.

그런 와중에도 예외가 있었다. '중국에 큰소리치는 호주의 비밀병기'라는 내용으로 쓴 기사[2]였다. 웬일로 상찬의 댓글이 수없이 달렸다. 기사를 쓴 나조차 당황스러울 지경이었다. 어떤 얘기였을까.

팬데믹으로 전 세계가 고통받던 2020년 여름. 그렇지 않아도 무역전쟁으로 으르렁대던 미국과 중국의 사이는 더 벌어지고 있었다. 미국 정부가 대놓고 중국에 전염병의 책임이 있다고 공격했기 때문이다. 속이 부글부글 끓던 중국의 눈에, 마침 미국 편을 들고 나선 호주가 들어왔다. 때리는 시어머니보다 옆에서 알짱거리는 시누이가 더 밉기 마련. 중국은 곧바로 경제 보복을 통한 '호주 때리기'에 들어갔다. 호주산 소고기 수입을 일부 막고 와인과 보리 등에 높은 관세를 부과하는 한편, 중국인들의 호주 여행과 유학도 제재했다. '괘씸죄'를 사도 단단히 산 것이었다.

그런데 호주의 반응이 재미있었다. 보복 따위 상관없다는 듯 굴었다. 중국의 경고를 무시하는 한편, 미국, 일본과 남중국해에서 연합 훈련도 함께했다. 중국에 입도 뻥긋 못하는 수많은 나라와는 차원이 달랐다. 중국과 가깝지 않아

서일 거라고? 중국은 당시 호주 수출의 약 30%를 차지하던 최대 교역국이었다.

사람이든 국가든 제 할 말 다 하고 살려면 '필살기'가 있어야 하는 법. 그랬다. 호주엔 그게 있었다. 바로 '철광석'이었다. 기술이 아닌 자원이니 정확히 말하면 '비장의 무기'쯤이 되겠지만.

도로, 건물 등을 짓는 건설업은 물론 제조업에도 필수적인 철광석은 당시 중국이 애타게 찾는 원자재였다. 팬데믹으로 사회·경제 전반에 심각한 타격을 입은 터라 인프라 건설로 경제 부흥을 노리고 있었기 때문이다. 그러니 전 세계에서 철광석 매장량이 가장 많은 호주[3]에 완전히 등을 돌릴 수 없었다. 브라질 등 다른 수출국도 있었지만 팬데믹으로 광산 운영이 어려운 곳이 많았다. 중국은 울며 겨자 먹기로 호주의 철광석을 사들였다. 호주의 여유는 그 비장의 무기, 필살기에서 나왔던 셈이다.

'호주가 중국에 잽을 날렸다'쯤으로 요약되는 이 기사가 소위 '사이다' 같았던 것일까. 중국을 미워하는 독자들의 긍정적인 댓글이 쏟아졌다. '속 시원한 뉴스를 쉽게 전해줘 고맙다'는 얘기였다. "호주는 좋겠다", "역시 필살기가 있어야 한다", "우리는 어쩌냐" 등의 반응도 많았다. 모든 걸 한

마디로 요약하면 '불안'이었다. 결국 중국을 향한 미움의 밑바닥에는 언제 또 어떻게 당할지 모른다는 우리의 불안이 있었던 거다.

▷

그런데 호주는 정말 팬데믹 때문에, 그 원인을 밝히라고 요구해서 중국과 사이가 틀어진 것일까. 그렇지 않다. 그 이전부터 호주 사회에는 중국을 두려워하고 중국에 분노하는 마음이 차곡차곡 쌓이고 있었다. 자, 이제 앞서 말한 드라마 〈시크릿 시티〉(2016, 엠마 프리먼Emma Freeman 감독 外)를 볼 때다.

중국 베이징의 북적이는 거리. 뭔가 각오를 단단히 한 듯한 젊은 백인 여성이 거리 한가운데 멈추어 선다. 여자는 "티베트 독립, 티베트 독립!"[4]을 외치더니 별안간 자신의 몸에 불을 붙이고, 주변은 순식간에 아수라장이 된다. 꽤 충격적인 도입부다.

6개월 후 호주. 1면 기사를 쓰는 것이 삶의 목표이자 기쁨인 열혈 기자 해리엇(애나 토브Anna Torv)은 아침 운동을 하다 호숫가에서 배가 갈린 채 죽은 남자의 시체를 마주한다. 숱한 사건을 취재한 그녀지만 그런 시체는 처음 봤다. 남자가 뭔가를 삼켰고, 누군가 그걸 찾으려고 배를 가른 게 분명하다. 직감적으로 '기삿거리'의 냄새를 맡고 남자의 신원을 수소문하는 해리엇. 그녀는 죽은 남자가 반년 전 베이징에서 분신하려다 테러 혐의로 중국 교도소에 수감된 여자, 사빈 홉스(앨리스 샤스톤Alice Chaston)의 동료라는 것을 알게 된다. 그런데 해리엇이 그의 죽음을 캐면 캘수록 주변 사람들이 다치거나 죽어 나간다. 호주에 체류 중인 중국 반체제 인사들도 하나둘 사라진다. 남자는 대체 무엇을 삼켰기에 잔인하게 살해된 것일까. 해리엇은 이 모든 것이 중국과 가까운 국방장관 팩스턴(댄 와일리Dan Wyllie)과 관련돼 있을 거란 의심을 품고 사건을 파헤치기 시작한다.

해리엇을 정신없이 쫓아가는 것만으로도 흥미진진하지만, 이 드라마의 진짜 재미는 다른 데 있다. 그녀가 국방장관의 비밀을 알아내려 애쓰는 동안 호주 정부 내에서 벌어지는 살벌한 정치 싸움이 그 묘미다.

다시 돌려보자. 해리엇이 국방장관의 비밀을 캐는 동안, 호주 총리실은 발을 동동 구르고 있다. 중국이 남중국해의 분쟁 해역에 전투기를 보내자, 이를 제지하겠다고 나선 미국이 이곳에서 진행할 해군 훈련에 호주 측 참가를 요구했기 때문이다. 미국은 너무도 오랜 동맹이지만, 중국은 이 나라의 최대 교역국이라 비위를 거스르기 힘들다.

눈을 질끈 감고 미국 편을 들려고 보니, 이번엔 중국이 사빈 홉스를 내주지 않을 것 같아 걱정이 된다. 3도 화상을 입고 중국의 열악한 교도소에 수감된 홉스의 소식이 연일 방송에 오르내리고 있다. 호주에서 중국에 대한 감정은 험악해질 대로 험악해졌다. 홉스를 데려오지 못하면, 총리의 입지는 불안해질 게 뻔하다. 중국이 인질을 잡아도 단단히 잡은 것이다.

이런 가운데 친중^{親中} 국방장관 팩스턴과 이 나라 제일의 친미^{親美} 법무장관 베일리(재키 위버Jacki Weaver)가 팽팽히 대립하는데, 그 대화가 마치 현실에서 갓 따온 것 같다. 팩스턴은 "미국이 벌인 싸움판에 우리 전함은 안 보낸다"고 딱 잘라 말하고, 베일리는 "멍청한 여자애가 베이징에서 분신했다고 가장 가까운 동맹국을 배신합니까?"라는 직설을 서슴지 않는다. 그러는 동안 중국의 비밀 요원들은 남의 나라에서 심히 활개를 치고 다닌다.

이 드라마를 보고 나면 그저 미국과 가까운 줄로만 알았던 호주 내에 중국의 영향력이 구석구석 뻗어 있으며, 이 나라가 미국과 중국 사이에서 깊은 고민에 빠져 있다는 사실을 알게 된다. 일반 시민들 사이에 스민 중국에 대한 불안과 두려움 역시 크다는 것도. 그러니까 두 나라는 팬데믹 때문에 돌아선 게 아니었던 거다. 어떤 일이 있었던 걸까.

▷

호주는 중국과 1972년 수교한 이후 경제적으로 매우 깊이 교류해 왔다. 중국 사람들은 호주의 소고기와 와인과 랍스터를 사랑했다. 자국과 여러모로 다른 풍경을 가진 이 나라로 여행 가기를 즐겼고 자녀들을 유학 보냈다. 호주 역시 '큰손'인 중국을 마다하지 않았다. 그런데 넋 놓고 차이나머니를 빨아들이다 보니, 아이고야, 이 나라가 지나치게 깊숙이 들어와 있었다.

2010년대에 접어들자 중국의 거대한 돈이 정치인에게는 물론 학계에도 흘러들고 있다는 우려가 솔솔 나왔다. 그 돈이 중국에 대한 비판을 무마하는 데 쓰이는 등 부정적인 영향을 미치고 있다는 지적이었다. 급기야 2015년, 중국 기업이 호주 북부 지역인 노던 준주 다윈항의 항구 운영권을 장기 임대하기로 한 일이 알려지며 중국에 대한 반감이 폭발하고야 말았다.[5] 그 항구가 매우 전략적인 위치에 있는 탓에 상징적 의미가 컸기 때문이다.

이제 호주는 여러 방면에서 적극적으로 중국을 밀어내기 시작했다. 특히 2018년 5세대[5G] 이동통신 통신망 사업에서 중국 최대 통신업체인 화웨이의 참여를 배제한 일은 중국에 큰 타격이 됐다. 2012년 크리스 울만^{Chris Uhlmann}과 스티브 루이스^{Steve Lewis}가 공동 집필한 소설《더 마멀레이드 파일스^{The Marmalade Files}》를 원작으로 한〈시크릿 시티〉는 그 시기 호주 사회의 분위기를 생생하게 보여 준다. 그렇게 누적됐던 불만과 분노가 코로나19 팬데믹 기간에 터지고 말았던 것이다.

호주라고 반격을 가하며 걱정되지 않는 건 아니었다. 이 나라가 땅덩이는 세계 6위를 자랑하지만, 인구는 2,640만 명(2023년 기준)으로 무척 적다. 14억이 넘는 중국과는 아예 비교가 불가능하다. GDP는 1조 6,754억 달러(2022년 기준 세계 12위)로 풍요로운 선진국임에는 분명하지만, 미국이란 우방 없이 홀로 강대국 노릇을 하기에는 아무래도 좀 부족하다. 이런 불안감 속에서도 호주는 차분히 제 필살기를 쥐고 중국에 흔들리지 않으려 수출 다각화 등 다양한 노력을 해왔던 거다.

▷

현재 중국과 호주의 관계는 꽤 정상화됐다. 2022년 비교적 중국에 친화적인 노동당 정부가 들어서며 두 나라는 화해 무드로 접어들었다. 중국이 적극적으로 손을 내민 덕이 컸다. 2023년 중국은 호주의 석탄과 목재 등을 다시 수입하기 시작했고, 그해 11월 양국 간 정상회담도 열렸다.[6] 호주 총리가 중국을 찾은 것은 7년 만이었다.

두 나라의 관계 회복을 두고 국제사회는 호주의 전략이 어느 정도 통했다고 평가했다. 수출 다각화 전략 덕에 실제 피해도 크지 않았다. 미국 싱크탱크 전략국제문제연구소[CSIS]에 따르면, 중국의 경제 보복 기간 호주의 대對중국 수출액은 약 40억 달러 감소했다. 반전은 호주가 인도와 일본, 한국 등에 석탄을 수출하는 등 신규 시장을 개척해 33억 달러를 벌어들였다는 사실이다. 중국의 보복 조치로 인한 손실은 호주 전체 수출액의 0.25%에 불과했다.[7] 중국은? 호주의 석탄을 쓰지 못해 애를 먹는 등 자존심만 허다하게 구겼다.

그러나 호주는 중국에 곁을 내주면서도 마냥 웃으며 손을 잡은 것이 아니다. 이 나라는 미국, 일본, 인도, 호주 4개국이 함께하는 안보협의체 쿼드, 미국·영국과 체결한 오커스[AUKUS] 동맹에 열심히 참여 중이다. 오커스를 통해 핵추진 잠수함도 도입한다.[8] 쿼드와 오커스 모두 '중국 견제'가 가장 큰 목적인 연합이다.

차이나랩에서 일하던 때 무수히 달리던 댓글들을 보며 처음엔 황당했고 나중에는 조금 웃겼다. 그러다 어느 순간부터는 좀 걱정이 됐다. 중국이 싫을 수 있다. 그런데 이웃에 있는 엄청나게 힘이 세고 영향력 큰 나라를 감정적으로만 대하는 게 우리에게 이익이 되는 일일까. 냉철하게 득실을 따져야 하는 외교에 감정이 앞서면 일을 그르치게 되는 것은 아닐까.

〈시크릿 시티〉에서 가장 흥미로운 캐릭터는 베일리 법무장관이다. 그녀는 호시탐탐 중국을 몰아내려 하며, 호주 내 반중 정서를 최대한 이용해 미국에 더 가까이 붙으려 한다. 이 모든 행동의 궁극적인 목표는 자신의 권력 강화다. 드라마는 말한다. 사람들이 현실을 냉정히 보지 않고 감정에 치우친 판단을 할 때 가장 덕을 보는 쪽은, 그 미움을 먹이 삼아 잇속을 챙기고 권력을 키우려는 이들이라고.

호주라는 나라가 앞으로 어떤 방향으로 나아갈지, 그것이 현명한 길일지는 잘 모르겠다. 유한한 자원이 언제까지나 영원한 필살기일 수도 없다. 그러나 분명한 것은 당장 손에 쥐고 있는 비장의 무기와 그걸 잘 활용할 외교력이 있는 국가는, 적어도 위기에 대비하고 지략을 짤 시간을 벌 수 있다는 점이다. 호주와 처한 상황은 비슷한데 정작 가진 패는 그다지 많지 않은 우리가 이 드라마, 아니 이 나라의 행보를 진득이 지켜봐야 하는 이유다.

세상이 망했을 때
연락할 수 있는
친구를 만든다는 것

▶ ─────────────

〈외교관〉(2023)

"동맹이란, 내가 열 살 때 동네 친구랑 한 약속 수준이죠."

노련해서 닳고 닳았단 느낌마저 풍기는 미국 대통령 레이번(마이클 맥킨Micheal Mckean)이 신임 영국 주재 미국대사 케이트(케리 러셀Keri Russell)에게 이렇게 말한다. 드라마 〈외교관〉(2023, 데보라 칸Debora Cahn 총괄)은 서늘한 국제 정치의 현실을 이 한마디로 정리한다. 이 한마디가 무척 명쾌해서, 세계정세를 보는 관점을 키울 수 있는 작품을 추천해 달라는 말을 들으면 여지없이 이 작품이 떠오른다. 정세의 흐름을 한눈에 조망하기가 점점 버거워지는 요즘 제법 쓸 만한 참고서가 나왔달까.

중동에서 오랫동안 산전수전을 겪으며 외교관으로 내공을 다진 케이트. 아프가니스탄 카불 대사 부임을 앞두고 짐을 싸던 중 백악관의 전화 한 통을 받는다. 뭐요? 아프간이 아니라 영국 주재 대사로 가라고요? TV에선 이란 앞바다인 호르무즈 해협에서 영국 항공모함에 대한 테러가 발생했다는 긴급 속보가 흘러나오는 중이다. 장병 수십 명이 숨졌다. 큰 사건이다. 서방의 적국인 이란이 가장 강력한 '용의자'. 영국과 혈맹인 미국도 뒷짐 지고 있을 수만은 없어 골치가 아파졌다. 이란통으로 불리는 중동 전문가 케이트가 난데없이 영국으로 발령 난 건 그래서다.

이혼을 앞두고 있는, 역시 베테랑 외교관인 남편 헬(루퍼스 슈얼Rufus Sewell)과 함께 영국으로 달려간 케이트. 그런데 트로브리지 영국 총리(로리 키니어Rory Kinnear)는 이미 이란이 적이라고 마음을 굳힌 것 같다. 케이트는 그의 이런 확신이 서방-이란 관계를 파국으로 내몰 것 같아 불안하기만 한데, 아니나 다를까, 일은 점점 커진다. 숨진 장병들의 추도식에서 총리가 "만약 테헤란(이란의 수도)의 소행이라면 그곳에 지옥의 포화를 퍼부을 것"이라고 말한 거다. '사이다 발언' 덕에 정치적 위기에 처해 있던 트로브리지의 인기는 엉덩이에 로켓이라도 단 듯 치솟는다. 적국인 이란과는 공개적인 대화를 할 수 없어 케이트는 답답하기만 한데, 이게 웬일. 이란이 먼저 '내가 그런 것이 아니다'며 넌지시 알려 온다. 그러면서 범인에 대한 힌트까지 알려 주는 게 아닌가. 자, 그렇다면 진짜 배후는 누구인가. 케이트의 머릿속은 더욱 복잡해진다.

〈외교관〉에 푹 빠져 새벽녘까지 맥주를 홀짝이다 충격

적인 결말을 맞이하고선 잠에서 번쩍 깼다. 맙소사, 정치·외교 드라마이면서 잘 짜인 스릴러인 동시에 부부 관계까지 고찰하게 만드는 이야기라니!

이 드라마가 주는 강한 몰입감은 우크라이나 전쟁과 같은 실제 상황을 에피소드 곳곳에 단단한 기둥으로 심어둔 데서 온다. '정말 저런단 말이야?'라는 의문이 들 때쯤 "러시아가 우크라이나를 짓밟은 순간부터 모든 NATO 회원국이 미국을 주시하고 있다"(레이번 대통령)는 대사가 툭 튀어나와 다시 화면 앞에 눌러앉히는 식이다. '미국과 러시아'·'미국과 이란'의 갈등은 물론, 브렉시트 후 유럽에 단단히 찍힌 영국 처지도 현실의 판박이다. 세세한 부분도 가져왔다. 중반부부터 언급되는 러시아 용병부대 '렌코프'는 누가 봐도 우크라이나 전쟁에서 푸틴의 수족처럼 쓰였던 '바그너 그룹'이다.

가장 큰 미덕은 보편성이다. 이 드라마에서 묘사된 나라 간 복잡한 알력, 화려한 외교적 수사 뒤에 가려진 진흙탕 같은 '진짜 외교'는 다른 지역에 '복붙(복사해 붙여넣기)'해도 그대로 적용된다. 그러니 명대사를 중심으로 〈외교관〉을 속속들이 뜯어보는 건 꽤 괜찮은 속성 학습이 될 터다. 뭐니 뭐니 해도 드라마의 '맛'은 대사 아닙니까.

▷

"동맹이란 부질없는 거요. 내가 열 살 때 동네 친구랑 한 약속 수준이죠. 누가 널 때리니? 내가 갈게."

—레이번 미국 대통령의 대사

'둘 이상의 개인이나 단체, 또는 국가가 서로의 이익이나 목적을 위하여 동일하게 행동하기로 맹세하여 맺는 약속.' 이것이 동맹의 사전적 정의다. 극 중 미국 대통령의 말대로 '누가 널 때리면 내가 간다'는 약속이다. 다르게 풀이하면 '우리를 때릴 수 있는 적이 존재한다'는 뜻. 동맹이 중요해진다는 건 상대적으로 평화가 흔들리고 있다는 방증이다. 지금이 바로 그런 시대다. 냉전이 끝나고 미국의 압도적인 힘을 배경으로 UN 등 다자간 기구가 활발히 활동했던 지난 수십 년간은 비교적 평화로웠다. 그러나 이제 시대의 공기가 바뀌고 있다. 많은 나라가 '미국이냐, 중국이냐'의 갈림길에 서서 동맹을 규합하려 하지만, 드라마는 이런 동맹조차 실은 완벽하게 믿을 수 없는 것이라고 주장한다. 모든 나라는 결국 '국익'에 따라 움직이기 때문이다. 국익은 그러니까, 외교의 기본이다.

〈외교관〉 속 미국과 영국은 "거의 전부를 공유하는, 타

국과는 비교도 안 되는 사이"(CIA 지부장의 대사)다. 그런 관계
에서조차 두 나라는 철저히 국익에 따라 움직인다. 트로브
리지 영국 총리는 어떻게든 적에게 복수하고 싶지만 혼자서
는 역부족이다. 그렇기에 거짓말을 해서라도 미국을 끌어들
이려 한다. 동맹국을 도와야 하는 건 알지만 이란과 얽히고
싶지 않은 미국은 고민 끝에 영국과의 약속을 번복한다. 안
그래도 미국의 제재로 기진맥진한 이란은 미·영의 공격을
막기 위해 자신의 동맹에 등을 돌리는 행동을 한다. 이 과정
에서 온갖 음모와 협잡과 모의가 오간다. 하긴 인류사에서
친구에게 등을 돌리고 적과 손잡는 일이 한두 번이었을까.

그런데 국제 정치를 움직이는 힘은 '국익'이 전부일까.

▷

"해외에서 레임덕 대통령의 업적을 쌓아 보자고요. 워싱턴에서
는 공화당과 민주당이 전쟁 중이니, 해외를 공략하는 수밖에요."
—빌리 미 대통령 비서실장의 대사

미국 대통령의 비서실장 빌리(나나 멘사Nana Mensah)는 케이
트에게 고위직을 제안하며 대놓고 이렇게 말한다. 임기가
끝나가는 대통령은 어차피 힘이 빠져 가는 중이다. 국내 정

226

책으로 인기를 얻기란 요원해 보이니 해외에서 성과를 내야한다는 얘기다. 각국 지도자의 개인적 야심과 복잡다단한 국내 정치의 지형. 때로는 그것이 나라 간 외교와 협상에서 국익보다 더 중요하게 작용하고는 한다.

찬찬히 보자. 국내에서 인기가 영 별로인 지도자들이 가장 손쉽게 택하는 길이 바로 '바깥일'이다. 해외에서라도 성과를 올려야 적어도 지지층을 지킬 수 있다. 어떤 정치 체제를 택했느냐와 관계없이 어느 곳에서나 나타나는 고전적 방법이다. 문제는 이 바깥 행보가 외교적 성과가 아닌 '외부의 적'을 만드는 일로 귀결되는 경우가 많다는 점이다. 대표적인 예가 트럼프다. 그는 2017년 1월 취임하자마자 중국과 북한에 온갖 악담을 쏟아 냈다. 바로 이웃인 멕시코는 아예 범죄 집단 취급을 하며 불법 이민을 막기 위한 장벽을 세웠다. 지지층은 열광했다. 드라마 〈외교관〉에서는 영국 총리가 꼭 이 길을 따른다. 그렇지 않아도 지지율이 낮은 마당에 스코틀랜드에서 독립 목소리가 높아지며 위기에 몰리자, 테러를 빌미로 어떻게든 어딘가를 '폭격'하고 싶어 몸이 달아오른다.

그러나 이런 지도자, 이런 국가가 타국의 강력한 신뢰를 얻기란 힘들다. 이 방법으로 당장은 지지층을 규합할 수 있겠지만 멀리 보면 제 발등 찍기다. 그렇기에 진정 국익을 위한 외교는 지도자가 해외 성과를 이용해 국내에서 지지를 얻으려고 하는 것의 반대 지점에 있을 것이다. 즉 고된 과정이겠지만 국내에서 오가는 모든 이야기를 귀 기울여 듣고 최선의 안, '국익'을 지킬 방안을 도출해 타국과 협상에 나서는 일이다. 물론 이때 국민을 가르치려 드는 교조적인 태도는 안 될 일이다. 베테랑 외교관 출신 조세영 작가는 저서 《외교외전》에서 이렇게 말한다. "여론이 지지하지 않는 합의를 강행하면 국민들로부터 신뢰를 상실한다. 국내의 반대 여론을 잘 설득할 수 있어야 비로소 상대국으로부터 외교적 신뢰도 생기는 법이다." 결국 지도자 개인의 이해득실을 뒤로하고 국내에서 합의를 투명하고 올바르게 끌어내는 게 먼저란 얘기다. 이럴 때 협상력은 외려 강해진다.

▷

"이란이든 누구든 우리가 협상에 임하는 목적은 세상이 망했을 때 연락할 수 있는 친구 한두 명을 찾으려는 거죠. 그 관계는 거미줄처럼 얄팍하지만 가끔은 버텨 주거든요. 그걸 끊지 마세요."

—케이트 영국 주재 미국대사의 대사

단단한 국내 지지를 등에 업고 국익을 철저히 계산해 이 정글 속에서 살아남으려면 결국은 대화, 즉 외교를 해야 한다. 드라마 〈외교관〉을 보면, 모든 인물의 야망과 이해관계는 다르지만 주인공 케이트와 함께 고군분투하는 인물 대부분은 목적이 단 하나다. 이란이든 러시아든 그 누구와도 전쟁을 하지 않는 거다. 그것이 실제 모든 외교의 목표다. 이를 무척 간결하게 표현한 말이 바로 케이트의 저 거미줄 비유다. 미국 정부가 몇 안 되는 이란의 소중한 정보원에 해가 될 수 있는 작전을 펼치려 하자 케이트가 만류하면서 하는 얘기다.

이 드라마의 제작진은 저 말이 하고 싶어 이 작품을 만든 것이 아닐까. 나는 울컥했다. 케이트의 은은한 대사보다 더 힘 있는 말이 필요하다면 남편 헬이 열변을 토하는 이 장면을 보자. 폭발적인 결말로 치닫기 직전, 헬이 어느 연설에서 이렇게 말한다.

"외교는 절대 안 통합니다. 외교라는 건 40일 밤낮으로 빈 호텔 방에서 별 내용도 없는 똑같은 논란거리에 귀를 기울이며 술을 마셔 대는 겁니다. 안 된다는 말을 몇 번이나 거듭해서 듣게 되죠. 외교는 절대로 통하지 않습니다. 다만 예외는 있죠. 그건 바로 적들이 피에 젖은 땅을 딛고 서서 손을 부여잡던 순간이죠. 모두와 대화하세요. 독재자와 전범과 대화하세요. 테러범과도 대화하세요. 모두와 대화하세요. 실패하세요. 혹시 모를 성공을 위해서요."

그렇다. 외교는 중요했고 여전히 중요하며 점점 더 불안해지는 세계에서 점점 더 중요해질 것이다.

▷

사실 내가 이 드라마에서 가장 큰 충격을 받았던 장면은 따로 있다. 샤워도 하지 못한 채 부랴부랴 영국으로 달려온 케이트가 팔을 번쩍 들어 남편에게 겨드랑이를 갖다 대는 장면이다. 다음은 더 가관이다. 남편이 그녀의 겨드랑이에 코를 박고 킁킁 냄새를 맡으며 "지독하다"고 말해 준다. 씻든 향수를 뿌리든 하란 얘기다. 수많은 할리우드 로맨틱 코미디와 멜로 영화를 섭렵했지만 보다보다 그런 장면은 처음 봤다. 아무리 볼 꼴 못 볼 꼴 다 보여 주는 부부 사이라지만 겨드랑이를 남편 코에 들이댄다고? 와, 나로서는 샤넬 넘버5로 가글을 하고 발가락 사이사이까지 문지르고도 도저히 못 할 일이다. 그런데 케이트는 정작 아주 중요한 일을 두고서는 헬을 의심한다. 헬에게 알리지 말라며 직원의 입을 막는다.

이 점이 탁월하다고 생각했다. 이혼을 앞둔 남편에게 겨드랑이 냄새쯤은 맡게 할 수 있다. '치부로 보일 법한 일'이지 진짜 치부는 아니니까. 그러나 정말 핵심적인 일에 대해서는 의심을 놓지 않는다. 그러니까 동맹이란 '겉으로는 사이 좋아 보이지만 실제로는 이혼을 고려 중인 부부 사이' 같을지도 모른다. 다시 동맹의 정의를 보라. '서로의 이익이나 목적을 위하여'라고 하지 않았나. 결코 영원한 약속이 아니다. 그러니 이런 동맹을 만드는 일, 더 나아가 적국과도 대화해야 하는 외교란 얼마나 어려운 것인가.

그럼에도 우리는 누구보다 외교에 부지런해야 한다. 선진국 대우를 받기는 해도 덩치가 너무 작은, 지정학적으로 참 골치 아픈 위치에 자리 잡고 있는 탓이다. 한국에 외교란 선택이 아닌 필수다. 현실을 냉정하게 바라보고 국익을 도모하면서도 끊임없이 주변국과 대화하고 우군을 만들어 가야 한다. 그래야 "세상이 망했을 때 연락할 수 있는 친구 한두 명"을 찾을 수 있지 않을까. 그 친구의 소중함은 아무리 강조해도 지나치지 않을 것 같다.

해가 떠오르는 그 장면이
너무도 찬란해서

▶ ──────────────────

〈칠드런 오브 맨〉(2006)
〈소울〉(2021)

"조용하고 작은 마을을 뒤로하고 다시 길을 나섰다. 뒤에서 떠오르는 해가 정말 장관이었다. 너무나 아름다워서 아름답다는 단 하나의 이유만으로 눈물이 났다. 문득, 아이가 있어도 좋겠다는 생각을 했다. 정말 뜬금없지만 그랬다."

서른 무렵의 어느 가을. 나는 내 덩치만 한 백팩을 메고 스페인 산티아고 순례길에 서 있었다. 몸과 마음을 갉아먹는 일에서 벗어나 그저 걷고 먹고 자는 생활을 반복하며 그길에 흠뻑 젖어든 어느 날, 해가 뜨는 장면을 넋을 놓고 바라보며 태어나 처음으로 '아이가 있어도 좋겠다'는 생각을 했다. 정말 처음이었다. 곧바로 '어머, 나 왜 이래' 하며 얼굴이 달아올랐다. 바쁜 일상으로 돌아와서도 아주 가끔, 그 순간이 떠올랐다. 하지만 여전히 이유는 알 수 없었다. 왜 나는 그토록 아름다운 풍경을 보며 사랑하는 가족이나 친구들을 떠올리는 대신 새로운 존재, 아니 존재하지도 않던 존재를 떠올렸을까. 친구들에게 그 이야기를 했을 때 가장 많이 들은 말은 이거였다. "인간의 본능이야. 자기 유전자를 남기고 싶은 거지."

쉽게 고개를 끄덕일 수 없었다. 내 유전자지만 그의 의도나 목적을 나는 알 수 없다. 나 하나 챙기기도 벅찬 세상 아닌가. 게다가 아이들은 너무 자주 울고, 시끄럽고, 너무 자주 울고, 시끄럽고, 너무 자주 울고⋯. 그런데 참 이상하지. 왜 그때 그런 생각이 들었던 걸까. 결혼을 한 이후에도 남편과 아이 얘기를 거의 하지 않았다. 그렇다고 딩크족^{Double Income No Kids}(맞벌이 무자녀)으로 살자고 마음먹은 것도 아니었다. 아이를 가지고 싶은 마음 반, 그냥 이대로도 좋다는 마음 반이었다. 두 계절이 지나 집에 크리스마스트리가 반짝이기 시작할 무렵 우리는 아이에 대해 이야기하기 시작했다. 남편은 내 뜻을 존중하겠다고 했다. 하지만 아이들만 보면 예뻐서 어쩔 줄 몰라 하는 모습을 숨기지는 못했다.

그럴 때면 연애 시절이 떠올랐다. 나는 아이나 동물을 보면 일부러 차가운 표정을 짓고는 했다. 위악적인 태도였다. 아이나 동물을 예뻐하는 모습을 보여 주는 게 나라는 인간을 좀 더 매력적으로 포장하는 데 도움이 됐겠지만, 그러고 싶지 않았다. 나의 다른 면을 봐 주었으면 하는 마음이 컸다. 손바닥만 한 강아지만 봐도 화들짝 놀라 도망가는 주제에 그런 연기를 할 형편이 못 되기도 했지만. 아이에 대해서는 양가적인 감정이 있었다. 초등학교 5학년 때 막냇동생을 본 덕에 나는 갓 태어나 젖내 나는 존재가 얼마나 황홀하게 사랑스러운지 알고 있었다. 그러나 뭐랄까, 남자 친구에게 어떤 '기대감'을 심어 주고 싶지는 않았다. 내가 어떤 삶을 택할지 내가 먼저 결정하는 게 중요하다고 생각했다.

많은 이야기를 한 끝에 우리는, 마침내, 아이를 가지기로 결심했다. 진짜 걱정은 그때부터 시작됐다. 실컷 이야기를 나눈 후 얼마 되지 않아 동네 카페에 갔을 때였다. 어느 부부가 아이 둘을 데리고 들어왔다. 아이들은 아아(아이스 아메리카노)와 달짝지근한 커피 사이에서 고민 중이던 나를 밀치고 케이크 진열대에 코를 박았다. 부부의 다정한 말이 들려왔다. "뭐 먹을래? 주스? 케이크? 천천히 골라."

아아…. 아아! 아아를 고른 것은 아니고, 아아, 진짜 너무 심란했다. '난 정성을 다해 내 커피를 고르고 싶은데, 아이를 낳으면 아이의 케이크를 먼저 골라줘야겠지?' 심란한 마음으로 커피를 사서 들고 나오는데 인도로 오토바이가 지나갔다. 아아, 더욱 심란해졌다. '인도로 오토바이가 지나가면 아이들이 위험하잖아!' 엘리베이터를 타고 올라오며 손소독제를 바르다가는 울 뻔했다. '손 소독제 때문에 지문이

닳아 없어질 것 같은데 아이가 태어나면 애도 이렇게 소독을 시켜야 하나? 바이러스며 환경 호르몬이며 이걸 다 어떡하느냐고!' 남편에게 하소연을 시작하자 걱정은 끝도 없이 이어졌다. 한국의 한숨 나오는 교육 시스템과 경제 양극화와 한반도의 지정학적 위기와 세계적 기후 위기에 이르기까지, 영원히 끝나지 않을 끝말잇기를 하는 것 같았다. 남편은 조용히 손을 씻었다. 본인의 세균이라도 덜어야 한다고 생각했던 것일까.

며칠 후, 나는 임신 5주라는 것을 알게 되었다.

▷

인구 문제를 처음으로 '사회학적'으로 인식한 것은 초등학교 5학년 때였다. 사회 교과서를 보다 '인구'라는 주제가 눈에 들어온 날이 아직 생생하다. 백과사전에서 맬서스Malthus의 《인구론》에 실린 주장을 접하고 얼마나 큰 충격을 받았던지. "식량은 산술급수적으로 증가하는데 인구는 기하급수적으로 증가한다"는 그 유명한 이론 말이다. 다 같이 굶지 않으려면 인구 증가를 억제해야 한다는 이야기에 걱정이 됐다. '저출산'이나 '인구 절벽' 같은 단어를 입 밖에 내는 사람은 아무도 없던, 1990년대였다.[1] 추후 기술 진보를 간과

한 맬서스의 주장은 틀린 것으로 드러났다. 그러나 어린 나이에 꽤 큰 지적 충격이었는지 요즘도 저출산이나 고령화, 인구 위기를 다룬 기사를 보면 그때가 떠오르며 피식 웃음이 난다. 언제는 사람이 많아서 걱정이라더니, "덮어 놓고 낳다 보면 거지꼴을 못 면한다"[2]더니 참 알 수 없는 게 세상사라는 생각이 들어서다.

그러다 진지한 질문이 돋아나기 시작했다. 한때 인구가 많아서 고민이던 수많은 나라는 왜 갑자기 '저출산'을 고민하며 국가적 과제로 보기 시작했을까. 인구가 줄어들면 대체 뭐가 어떻다는 걸까. 지금 지구에는 약 80억 명이 살고 있고, 기후 위기를 비롯한 각종 환경 문제가 인간 탓인 것은 두말할 필요도 없다. 게다가 너무 많은 사람이 굶주림으로 고통받고 있잖아. 선진국은 이민자를 받아들일 생각 같은 건 없다. 그러니 현재 살아가고 있는 사람들이 잘사는 데온 힘을 집중해도 모자라지 않을까. 실제로 인구가 불어나고 있는 인도(14억, 세계 1위)나 이집트(1억, 14위)는 주변의 부러움에도 한숨이 깊다.[3] 일자리가 없고 경제가 엉망이어서다. 저명한 인구학자들 사이에서도 "인구가 줄면 유한한 자원에 대한 경쟁이 줄어들고, 노동력이 귀해져 한 사람 한 사람의 삶의 질은 높아진다"[4]는 등의 주장이 꾸준히 나온다.

그런데도 각 나라가 출산율이 너무 낮다며 애를 태우는 이유는, 국가를 경영하는 정부의 시각으로 보면 간단하다. 아이를 낳지 않아 인구가 줄면 노동 인구가 줄어든다. 일할 사람은 없는데 평균 수명은 길어져 부양해야 할 노인 인구는 많아진다. 그뿐만이 아니다. 경제가 굴러가려면 돈을 쓸 사람도 필요한데, 소비가 가장 왕성한 젊은 세대가 줄어드니 점차 돈 쓰는 이도 줄어든다. 경제가 힘을 받아 굴러가기가 매우 어려워질 수밖에 없다. 인류의 역사를 톺아봐도 '머릿수'는 중요했다. 세계를 오랫동안 쥐락펴락한 나라치고 인구가 적었던 곳은 없다. 인구학자 폴 몰런드^{Paul Morland}는 저서 《인구의 힘》에서 "영국과 미국이 세계를 지배할 수 있었던 근본적인 힘은 인구였다"고 말한다. 영국이 대영제국이 된 데는 18세기 후반에서 19세기에 급속도로 성장한 인구가 바탕이 됐고, 미국이 '팍스 아메리카나^{Pax Americana}(미국 주도의 세계 평화)'를 일굴 수 있었던 데도 많은 인구 덕이 컸다. 반대로 지금 유럽이 쇠퇴 중인 것은 인구 성장률의 둔화와 관련이 있다. 그러니까 인구는 곧 힘이었고 여전히 힘이며 앞으로도 그럴 것이란 설명이다.

알겠다. 머리로는 이해가 된다. 그래도 "출산율이 계속 떨어지면 지구상에서 나라가 통째로 사라질 것"이란 위협적인 뉴스를 보면, 여전히 이런 의심이 든다. 에이, 설마 한 나라가 통째로 없어질까. 그런데 그 숱한 데이터를 접해도 납득이 되지 않던 이 문제를 영화 한 편을 보고 단번에 수긍하게 됐다. 〈그래비티〉(2013)로 유명한 알폰소 쿠아론Alfonso Cuaron 감독의 SF 〈칠드런 오브 맨〉(2006)이다.

▷

테러와 분쟁으로 망해 가는 세계, 주인공 테오(클라이브 오웬Clive Owen)의 눈에 세상은 암흑 그 자체다. 그나마 경찰력을 유지하고 있는 영국은 국가로서 힘을 가지고 있지만 불법 이민자가 몰려오는 탓에 아수라장인 건 매한가지다. 진짜 큰 문제는 따로 있다. 이게 무슨 전염병인 건지, 지구의 모든 여성이 아이를 낳지 못하는 '불임'이 된 지 오래다. 마지막 아이가 태어난 지는 벌써 18년이 넘었다. 세상은, 말 그대로 망해 가는 중이다. 미래 세대가 더 이상 단 한 명도 태어나지 않는데 위대한 예술 작품을 지킬 이유가 있을까. 영국 정부는 예술 작품의 보존을 위해 '예술의 방주' 프로그램을 운영하지만, 테오의 눈에 이 모든 것은 우스울 뿐이다.

"100년 후면 이런 거 볼 사람은 한 명도 없을 텐데. 왜 수집하는 거야?"

영화는 시니컬한 테오가 어쩌다 돌보게 된 흑인 불법 이민자 소녀 키(클레어-홉 애쉬티Clare·Hope Ashitey)의 임신 사실을 알게 되며 시작한다. 임신이라니, 기적이잖아! 아이를 빼앗으려는 세력을 피해 테오는 '인류 프로젝트'를 운영하는 사람들을 찾아가기로 하는데 매 순간이 죽을 고비. 설상가상 목적지에 닿기 전 키는 아이를 낳게 되고, 이들은 정부군과 반란군의 교전이 벌어지는 건물 한복판에 서게 된다. 험악한 전투에서 아이가 울음을 터뜨린 찰나, 이 긴장되는 순간에 무슨 일이 벌어졌을까.

테오와 키가 아기를 안고 계단을 천천히 내려오는 길, 사람들은 전투를 잠시 멈춘다. 그리고 이 경이로움 앞에서 눈물을 흘리고 아기의 발에 입을 맞추고 기도하고 축복하고 무릎을 꿇는다. 마치 아기 예수를 맞이하는 듯한 이 장면은 보는 이의 숨을 가만히 멈추게 한다. 황홀함과 성스러움에 나도 모르게 눈물을 흘렸다. 카메라가 한 장면을 끊지 않고 연속으로 촬영하는 '롱 테이크long take' 기법으로 찍은 이 씬[5]은 지금도 영화계에서 회자된다.

〈칠드런 오브 맨〉을 보고 나서야 비로소 나는 인구 문제에 대한 '감'을 잡을 수 있었다. 한 국가의 유지, 발전을 떠나 아이들의 웃음소리가 들리지 않는 세상, 지키고 물려줄 것이 아무것도 없는 세상이란 얼마나 황량하고 쓸쓸할 것인가. 새로운 생명이란 얼마나 아름답고 소중한 기적인가. 우리를 돌아보니 상황은 심각했다. 통상 한 국가가 현재의 인구 규모를 유지하려면 합계 출산율(여성 1명이 평생 낳을 것으로 예상되는 평균 자녀 수)이 2.1명 이상이어야 하는데, 우리나라의 합계 출산율은 0.72명(2023년 기준)으로 세계에서 가장 낮은 수준이다. 물론 출산율에만 매달리지 말고 이민을 더욱 적극적으로 받아들여야 한다는 의견, 부족한 노동 인구를 대체하려면 결국 기술을 발전시켜야 한다는 말에도 귀 기울여야 한다. 그럼에도 일단 각 정부 입장에서는 출산율을 끌어올리는 일이 가장 중요할 수밖에 없다. 지금 하지 못하면 돌이킬 수 없는 상황을 맞이할 수 있어서다.

대체 어떻게 해야 출산율을 높일 수 있는 걸까. 합계 출산율이 한국의 2배가량인 프랑스가 자주 모범 답안으로 제시된다. 프랑스 정부는 임금 근로자뿐 아니라 자영업자에게도 육아 휴직 급여를 준다. 육아 혜택에서 사각지대를 없애기 위해서다. 자녀가 많을수록, 소득이 낮을수록 받을 수 있는 지원이 더 많다. 특히 가족 수에 따라 세금을 낮춰 주는 등 여러 세금 혜택이 높은 출산율의 '1등 공신'으로 꼽히는데, 결혼을 하지 않고 아이를 키우는 가정에도 적용된다. '자녀가 많은 가정도 자녀가 없거나 자녀 수가 적은 가족이 누리는 것과 동일한 생활 수준을 영위할 수 있게 하는 것'[6]이 프랑스 사회의 지향점이라서다. 핵심은 이 모든 혜택이 1회성이 아니라는 데 있다. 저출산 대책에 비교적 성공했다고 평가받는 국가 대부분 비슷한 정책을 시행 중이다. 이런 프랑스조차 출산율이 떨어지고 있다며 보육비 세액 공제 한도 인상, 출산 휴가 연장 등 추가 대책 마련에 바쁘다.

우리 정부라고 손을 놓고 있는 것은 아니다. 매년 저출산 대응에 쏟아 붓는 예산을 늘려 2022년에는 무려 50조 원을 넘어섰다. 그러나 꼼꼼히 뜯어보면 현금성·선심성 지원이 대부분이다. 맞는 방향일까. 현금성 지원 때문에 아이를 낳으려는 사람이 과연 얼마나 될까. 아니나 다를까, 유엔인구기금[UNFPA]은 《2023 세계인구보고서》에서 한국의 출산율 정책을 부정적인 사례로 들고, '수치'에만 집중한 정책이 문제라고 꼬집었다. 사회 복지 제도의 개혁, 성평등 실현 등 사회 전 분야에서 장기적으로 근본적인 개혁을 해야 한다는 지적이다. 쉽게 풀어쓰면 아마 이런 얘기일 거다. '돈으로 때우려 하지 말고, 진짜로 살 만한 세상을 만들어. 그래야 사람들이 아이를 낳고 싶은 마음이 들지.'

〈칠드런 오브 맨〉의 테오는 그토록 시니컬한 사람이 맞았나 싶을 정도로 헌신을 다해 아이를 지키고, 지켜낸다. 새로운 세대를 반드시 지키겠다는 비장한 각오로 말이다. 그런 각오와 결연함 없이는 이 문제를 해결할 수 없는 것일까. 내게는 주인공의 희생이 일종의 경고로 비쳤다.

▷

아이를 키우고 있지만 "아이를 낳았으니 애국자"라는 말을 싫어한다. 나는 국가를 위해 출산하지 않았다. 아이를 꼭 낳으라는 말 같은 건 누구에게도 하지 않는다. 아이를 낳아야만 인생의 한 부분이 완성된다는 식의 강변에는 몸서리가 쳐진다. 출산은 철저하게 개인의 선택이다. 모든 삶은 각자의 색깔과 모양으로 고유하고 완전하다. 다만 누군가 내게 왜 아이를 낳았느냐고 묻는다면, 보여 주고 싶은 영화는 있다.

애니메이션 영화 〈소울〉(2021, 피트 닥터Pete Docter 감독)은 아직 태어나지 않은 영혼들이 지구로 가기 위해 준비하며 벌어지는 이야기를 그린다. 영혼들은 각자 자신만의 '불꽃'을 찾아야 지구로 갈 수 있는데 그것은 삶의 목표, 의미, 소명 같은 것들이다. 그러나 한 냉소적인 영혼이 불꽃을 찾는 여정을 함께하며 우리는 알게 된다. 그 불꽃은 삶의 목표, 의

미, 소명이 아니라는 것을. 사는 데 목표나 소명 따위 없어도 된다. 흩날리는 꽃잎 하나가 아름다워서, 입에 문 피자 한 조각이 맛있어서 '이 지구에서 한번 살아볼까' 하는 마음. 그 마음이면 된다. 그게 불꽃이다.

나는 이 영화에 완벽하고 완전하게 동의한다. 고통과 눈물을 피할 수 있는 삶은 없다. 그래도 흩날리는 꽃잎이 아름답고, 치맥이 맛있어서 매일은 아니어도 많은 날이 그럭저럭 괜찮게 여겨진다. 그러니까 나는 많은 날의 힘겨움에도, 그럼에도 이곳을 '한번 살아볼까' 하는 마음을 품을 만한 곳이라고 여겨서 아이를 낳은 것 같다. 그러니 나라의 정책을 좌지우지하는 사람들이라면 훨씬 더 고차원적이고 전방위적으로 많은 사람이 그런 마음을 품을 수 있게 노력해야 하지 않을까. 그래야 꽃잎과 피자와 치맥을 넘어 더 아름답고 더 괜찮은 세상에서 아이를 낳는 사람들이 늘어나지 않을까.

맞다, 그 가을 순례길에서 적었던 일기도 보여 줘야겠다. 해가 떠오르는 그 장면이 너무도 찬란하게 아름다워서 나는 이 지구에 새로운 존재를 초대하고 싶었다고.

"정말 아름답지, 아가야? 내가 이걸 혼자 보기 얼마나 아까웠는지 몰라."

우리 모두의 영화로운 세계를 위하여

▶ ————————————

〈노인을 위한 나라는 없다〉(2007)

책을 쓰는 동안에도 세상은 어지럽게 흔들렸다. 우크라이나 전쟁은 멈출 기미를 보이지 않는데 중동에서는 또 다른 전쟁이 터졌다. 10여 년 넘게 권좌에서 내려오지 않는 독재자들의 리스트는 늘어만 간다. 전쟁과 폭압을 피해 새로운 삶을 꿈꾸며 바다를 건너다 목숨을 잃는 이들의 소식은 너무 많아 더는 보도조차 되지 않는다. 우리만 잘살면 된다는 구호 아래 온갖 차별과 혐오가 지독히도 끈질기게 돋아난다. 기술은 인류의 미래를 위협할 만큼 빠르게 발전하고 있지만, 한편에서는 여전히 수억 명이 빈곤과 기아에 허덕이고 있다. 날씨마저 무심하지. 살인적인 폭염은 매해 기록을 경신한다. 뒤숭숭한 세계. 가장 잔인한 고통은 가장 가난한 이들에게로 향한다.

수없이 많은 비극과 도저히 해결 방법이 보이지 않는 문제를 매일같이 접하며 내가 가장 자주 떠올린 영화는 〈노인을 위한 나라는 없다〉(2007, 에단 코엔Ethan Coen & 조엘 코엔Joel Coen 감독)였다. 코맥 매카시Cormac McCarthy의 동명 소설을 원작으로 한 이 작품은 잔혹한 범죄가 들끓던 1980년대 미국 텍사스를 배경으로 한다. 사냥꾼 르웰린 모스(조슈 브롤린Josh Brolin)는 어느 날, 사막에서 마약상들 사이에서 총격전이 벌어진 직후 시체가 널브러진 현장을 목격한다. 돈이 가득 든 가방을 발견한 르웰린. 한몫 챙겼다는 기쁨도 잠시, 킬러 안톤 시거(하비에르 바르뎀Javier Bardem)에게 쫓기기 시작한다.

이제 우리의 눈은 르웰린보다 안톤에게로 쏠린다. 그는 일반적인 킬러가 아니다. 독특한 단발머리에 항상 단정하게 차려 신은 구두, 부릅뜬 눈. 소를 죽일 때 사용하는 도축용 공기총을 들고 다니며, 어떤 죄책감도 느끼지 않고 사람을 죽인다. 신경 쓰이는 일이 있다면, 구두에 피가 묻는다는 것뿐이다. 안톤은 르웰린을 추격하는 과정에서 걸리적거리는 사람들을 죽이는데, 조금도 고민하지 않는다. 그냥 죽인다.

이 살인은 너무나 무차별적이어서 죽이지 않고 살려두는 것이 더 의아할 정도다. 그의 원칙은 아무도 알 수 없다. 그에게 거슬리는 질문을 해도, 질문에 대답을 안 해도, 심지어 선의를 베풀어도 악마 같은 그에게서 벗어날 길은 없다.

물론 그도 가끔 '선심'을 베푼다. 도로변 한적한 가게에 들른 안톤은 그에게 "달라스에서 온 것 같다"는 한마디를 무심히 던진 가게 주인을 무섭게 노려본다. 그러더니 다짜고짜 동전 던지기를 제안한다. 무얼 걸고 하는 것인지는 알아야 하지 않겠냐는 주인의 떨리는 목소리에 안톤은 말한다. "댁 목숨을 걸었지. 모르고 있을 뿐." 동전의 앞면이 나올지 뒷면이 나올지 아무도 모른다. 완벽하게 '운'에 맡긴 게임. 최악이다. 하지만 바로 죽이지 않고 운에 맡길 기회를 준 것만으로도 어디냐고, 안톤은 말한다. "특별히 선심을 베풀겠다"고. 다행히 가게 주인은 살아남는다. 그래, '운'이 좋았을 뿐이다.

돈가방을 지키기 위해 죽을힘을 다해 도망치는 르웰린을 보는 일도 답답하다. 그는 무모하다. 무엇을 위해 저토록 필사적인가. 결국 그는 돈 때문에 많은 것을 잃는다. 비극을 피하지 못한다. 늙은 보안관 벨(토미 리 존스Tommy Lee Jones)은 세상이 이토록 잔혹해진 데 대해 한탄하며 이들의 뒤를 쫓지만, 모든 일이 벌어진 후에야 당도할 뿐 아무것도 하지 못한다. 벨이 거듭 말하는 '잔혹한 시대'는 스크린에 안톤이라는 인물로 생생히 그려진다. 안톤은, 아니 세상은 점점 잔혹해지는데 노인이 지닌 지혜와 연륜은 매번 실패한다. 안타깝고 서글픈 일이다.

그리고 지금, 여기의 우리를 본다. 모두가 르웰린처럼 개인의 욕망을 위해 미친 듯이 달린다. 어떻게든 내가 든 돈 가방을 움켜쥐고 놓치지 않으려 애를 쓴다. 그러나 르웰린이 안톤을 피하지 못하듯 우리 역시 이 시대의 굴레, 세상의 광기, 공동의 운명을 피할 길이 없다. 밀려드는 난민, 인종차별, 끊이지 않는 전쟁…. 너무나 먼 남의 이야기 같지만 사실은 누구도 완벽하게 피할 수 없는 일이다. 아무리 열심히 살아도, 성실히 계획을 짠다고 해도 우리는 지금 이곳에 함께 던져졌다. 동전 던지기에서 운이 좋아 살아남는다 해도 결국 모두, 같은 굴레 안에 있는 것이다. 원칙 따위 없고 예측이 불가한 세상. 이 책에 쓴 모든 이야기는 어쩌면 나와 당신의 이야기다.

그러나 내가 이 영화를 좋아하는 이유는 결말에 있다. 영화의 마지막. 보안관 벨이 아내에게 지난밤 꿈 이야기를 들려준다.

"아버지의 꿈을 꿨어. 밤에 말을 타고 산길을 달렸지. 좁은 오솔길 말이야. 춥고 땅에는 눈까지 쌓였는데 아버지가 말을 타고 나를 앞질러 가시는 거야. 담요를 두른 채 머리를 숙이고 계시더군. 지나가실 때는 횃불을 드신 걸 봤어. 그땐 뿔 속에 불을 밝히고 다녔잖아. 불빛에 뿔이 비치는데 달빛 같았어. 꿈이지만, 먼저 서둘러 가셔서는 어둡고 추운 곳에 불을 밝히고 계실 거란 걸 알았어. 내가 도착하면 날 맞으시려고."

이 비극적인 영화에서 나는 애써 결말을 희망으로 읽는다. 어둡고 추운 곳이지만 우리를 맞이하기 위해 횃불을 들고 누군가 서 있다. 달빛 같은 불빛이다. 그러니 반드시 우리는 길을 찾을 것이다, 아니 찾아야 한다. 내게는 그렇게 들렸다. 그리고 그 길의 입구는 '공동의 운명'에 맞서 함께 머리를 맞대고 서로 어깨를 두드리며 나아가는 데 있지 않을까.

책을 구상할 무렵 걸음마를 시작한 아이는 어느덧 많이 자랐다. 제 생각을 어찌나 잘 표현하는지, 사람이 이토록 빨리 자라는 존재라는 사실에 매일 놀란다. 아이는 언젠가 나보다 더 많은 나라를 다니고, 더 많은 사람을 만나며 살아가겠지. 나는 그렇게 온 세상을 누비며 살아갈 내 아이와 친구들이 갈가리 찢긴 세계를 보며 아파하지 않기를 바란다. 아이까지 갈 것도 없다. 지금 여기의 우리가 더 밝은 희망을 보며 살아갈 수 있기를 바라고 또 바란다. 그런 '영화로운 세계'를 만들기 위해 더 넓은 세상과 함께하는 일. 그 일의 귀함을 또다시 말할 필요는 없을 것이다.

다시, 세상에 '남의 일'은 없다.

새로운 강자, 인도가 등판했다

1. 발리우드Bollywood는 인도의 유서 깊은 도시 뭄바이의 옛 지명인 '봄베이Bombay'와 '할리우드 Hollywood'의 합성어다. 세계 최대의 영화 제작국인 인도의 영화 산업을 일컫는다.

2. 제2차 세계 대전 이후 미국과 소련이 대치하는 냉전이 시작된 당시 어느 한 진영에 종속되기를 거부한 외교 방침. 인도를 비롯해 아프리카, 중남미 지역의 개발도상국들이 주로 이를 채택했다.

3. "Modi's Comments on Israel-Gaza War Signal Shift", 포린 폴리시Foreign Policy, 2023년 10월 12일.

4. 중국은 오랫동안 인도의 최대 교역국이었지만, 미국과 인도가 가까워지며 최근 미국이 인도의 최대 교역국(2022/23 회계연도 기준)으로 올라섰다.

5. "中 퇴각한 국경 충돌, 알고 보니…'美, 인도에 중국군 정보 줬다'", 중앙일보, 2023년 4월 11일.

6. "모디, '인도, 독립 100주년에는 선진국 반열에'", 연합뉴스, 2022년 8월 15일.

7. "인도가 '세계의 공장' 중국 대체할 거라는 환상", 한겨레, 2023년 7월 9일.

8. "Per capita GDP for Bangladesh higher than India till 2022", 더힌두비즈니스라인The Hindu Businessline, 2023년 5월 7일.

9. "India is set to become the world's most populous country. Can it create enough jobs?", CNN, 2023년 1월 17일.

10. 김기상, 《진격의 인도》, 77p.

11. 인도 사회의 신분 제도. 브라만(사제), 크샤트리아(귀족), 바이샤(평민), 수드라(천민) 등 네 가지 계급으로 나뉘며 카스트 제도 안에 편입되지 못한 불가촉천민도 있다. 인도의 헌법은 신분 차별을 금지하고 있지만, 카스트는 여전히 사회 전반에 영향을 끼치고 있다.

12. 기업 가치가 10억 달러 이상인 비상장 스타트업.

13. "인도 경제와 스타트업의 성장", KOTRA 해외시장뉴스, 2023년 3월 10일.

인종은 없다. 인종주의가 있을 뿐

1. 동화책 《인어공주》의 결말은 대부분 공주가 물거품이 되는 것이지만, 원작은 인어공주가 '공기의 정령'이 되는 것으로 끝난다. 공기의 정령은 불멸의 영혼이 될 가능성이 있다는 점에서 그저 물거품이 되는 것과는 다르다는 해석이 많다. 디즈니는 애니메이션에서 이 결말을 해피엔딩으로 바꿨다.
2. "코로나19 이후 '아시안 혐오범죄' 급증…1년간 약 4천건", 한겨레, 2021년 3월 17일.
3. "비닐하우스서 숨진 속헹 씨 산재승인 환영…근본대책 시급", 연합뉴스, 2022년 5월 3일.
4. "'나도 한국서 쫓겨났다' 태국인 관광객 분노", 조선일보, 2023년 11월 3일.
5. "외신도 韓 분석했다…'동남아 쿼터' '흑돔공주' 인종 차별 낙인", 중앙일보, 2023년 6월 13일.

분열하는 유럽, '번영과 통합'의 상징 EU는 계속될 수 있을까

1. 유럽 국가들이 1987년 시작한 교환 학생 프로그램. 인문 교육을 강조한 르네상스 시대의 네덜란드 인문주의자 에라스뮈스에서 이름을 땄다. 현재 30여 개국에서 4,000여 개 교육 기관이 참여하고 있다.
2. 프랑스 남부의 피레네산맥과 대서양 지역부터 러시아 우랄산맥까지 펼쳐진 넓은 평원. 유럽 대부분 국가가 이곳에 자리하고 있다.
3. 미국 투자은행 리먼 브라더스Lehman Brothers가 2008년 9월 15일 파산 보호를 신청하며 글로벌 금융 위기의 시발점이 됐다.
4. 남유럽 경제 위기에는 여러 원인이 있지만, '유로화 통합'도 주요 원인으로 꼽힌다. 남유럽 국가들이 그보다 상대적으로 잘살던 독일, 프랑스 등 중·북부 유럽과 화폐를 통합한 탓에 수출 경쟁력을 잃어 경제가 더욱 허약해졌다는 분석이다.
5. '영국Britain'과 '탈퇴exit'를 합쳐서 만든 합성어. 영국의 EU 탈퇴를 의미한다. 2016년 6월 열린 국민투표 결과 찬성 비율 51.9%로 EU 탈퇴가 확정됐다. 투표율은 72.2%였다. 이후 2020년 1월 31일 영국은 EU에서 공식적으로 탈퇴했다.
6. EU 회원국 간에는 비자 없이 자유롭게 통행할 수 있도록 한 국경 개방 조약. 1985년 룩셈부르크 남부 솅겐에서 독일, 프랑스, 네덜란드, 벨기에, 룩셈부르크 등 5개국이 체결한 이후, 점차 가입국이 늘어 현재 26개국이 가입해 있다.
7. 전쟁 발발 당시 유럽은 천연가스의 약 40%를 러시아에서 수입하고 있었다. 그러나 전쟁

직후 서방이 러시아에 각종 제재를 가하자 러시아는 '복수'하는 격으로 가스관을 걸어 잠 갔다.

8. 제2차 세계 대전 이후 냉전이 시작되자 미국과 서유럽은 소련에 맞서 '집단 안보 체제'를 구축하기 위해 1949년 NATO를 창설했다. NATO 규정의 핵심은 '집단방위 규정(5조)'이 다. 한 회원국이 외국의 침략을 받았을 경우 이를 NATO 전체에 대한 공격으로 간주해 다 른 회원국들이 전쟁에 자동 개입하도록 하고 있다. 미국·캐나다 등 북미 국가와 영국·프랑 스·이탈리아 등 서유럽 국가 총 12개국으로 시작한 NATO는 점차 회원국을 늘리기 시작해 소련이 붕괴한 1990년대 이후 동유럽 국가들을 대거 흡수했다. 우크라이나 전쟁 이후에는 중립국을 고수하던 핀란드(2023년 4월)와 스웨덴(2024년 3월)도 합류했다.

기후 위기, 바보야 문제는 정치야

1. 카미노 데 산티아고Camino de Santiago. 9세기 스페인 북서부 도시 산티아고 데 콤포스텔라에 서 성 야고보의 유해가 발견됐다고 알려지며 유럽 전역에서 순례객이 모여들며 형성된 길. 프랑스 남부에서 시작하는 '프랑스길'이 가장 유명하다. 세계적인 작가 파울로 코엘료Paulo Coelho는 이 길에서의 체험을 바탕으로 소설《연금술사》등을 집필했다고 한다.

2. 18세기 중반 영국에서 시작된 기술 혁명과 이로 인한 사회·경제의 변화를 일컫는 말.

3. 대기 중에 장기간 체류하며 온실효과를 일으키는 가스. 1997년 교토의정서에서 꼽힌 6대 온실가스는 이산화탄소(CO_2), 메탄(CH_4), 아산화질소(N_2O), 수소불화탄소(HFCs), 과불화 탄소(PFCs), 육불화황(SF_6)이다.

4. "Fossil CO2 emissions at record high in 2023", Global Carbon Project, 2023년 12 월 4일.

5. "The world has warmed 1.5℃, according to 300-year-old sponges", 네이처Nature, 2024년 2월 11일.

6. 우리가 탄소를 배출한 딱 그만큼 흡수하고 제거해 결론적으로는 탄소 배출을 '0(제로)'으 로 만들자는 '탄소 중립'이 현재 기후 위기 대책의 화두다.

7. www.mofa.go.kr/www/wpge/m_20150/contents.do

8. 1997년 12월 일본 교토에서 열린 기후변화협약 제3차 당사국총회에서 채택된 '교토의정 서'는 선진국으로 꼽히는 미국, 일본, 호주, EU 회원국 등 38개국만 탄소 배출 감량과 관련 한 '의무 이행 대상국'으로 정했다.

9. 트럼프는 2017년 6월 파리 협정 탈퇴를 공식 선언했다. 그러나 2021년 조 바이든이 대통

령으로 취임하며 다시 협정에 복귀했다.

10. "Climate Activism—Not Climate Change—Is the Real Racist Force. Africans Deserve Electricity", 뉴스위크Newsweek, 2023년 6월 13일.

블랙 팬서의 꿈, 아프리카라는 희망

1. '블랙 팬서(흑표당)'는 1960년대 미국에서 설립된 급진적 성향의 흑인 인권단체 이름이기도 하다.
2. 마그레브Maghreb라고도 불린다. 아랍어로 '해가 지는 지역', '서쪽 지역'이란 뜻이다.
3. 저명한 국제 정치학자 파스칼 보니파스Pascal Boniface는 저서 《지도로 보는 세계정세》에서 아프리카 대륙을 5개 권역으로 나눠 설명한다.
4. 1971년 UN이 제안한 개념이다. 1인당 국민총소득을 비롯해 중등교육 수준, 문맹률, 평균 수명 등을 기준으로 정한다. 국제사회에서 후진국이란 표현 대신 주로 쓰인다.
5. "Number of people living below the extreme poverty line in Africa from 2016 to 2027", 스태티스타Statista.
6. 아프리카 북부 사하라 사막과 중부 사바나 기후 지역 사이에 띠 모양으로 분포한 지대. 서쪽의 세네갈부터 동쪽의 수단까지 여러 나라가 이 지역에 자리하고 있다.
7. 육상 실크로드를 통해 유럽으로, 해상 실크로드를 통해 아프리카까지 진출해 거대 경제권을 형성한다는 중국의 국가 전략.
8. 로버트 칼데리시Robert Calderisi, 《왜 아프리카 원조는 작동하지 않는가》.

우리가 불타면 당신도 불탄다

1. 1975~1979년 폴 포트의 공산주의 정권 크메르 루주Khmer Rouge가 노동자와 농민의 나라를 건설하겠다며 양민 약 200만 명을 학살한 사건. 인구의 4분의 1이 끔찍한 학살을 당했다.
2. 프랑스 파리경제대학 세계불평등연구소. 불평등과 관련한 공공 정책을 연구하는 글로벌 연구센터로 《21세기 자본》으로 잘 알려진 토마 피케티Thomas Piketty 경제학자 등이 참여하고 있다.
3. 적도의 이북 지역. 미국·캐나다 등 북미와 유럽, 동아시아 국가들이 있어 남반구보다 상대적으로 부유한 지역이라는 의미로도 쓰인다.

4. 2021년 7월 유엔무역개발회의^{UNCTAD}는 대한민국의 지위를 그룹 A(아시아·아프리카)에서 그룹 B(선진국)로 변경하는 안에 만장일치로 가결했다. 한 국가가 그룹 A에서 B로 이동한 일은 1964년 UNCTAD 설립 이후 처음 있는 일이었다.

5. 장 지글러^{Jean Ziegler}, 《왜 세계의 가난은 사라지지 않는가》.

6. "Little to celebrate: An assessment of Official Development Assistance in 2022", 릴리프웹^{ReliefWeb}, 2023년 6월 9일.

7. "[2023 불평등 보고서] 슈퍼리치의 생존", 옥스팜, 2023년 1월 16일.

8. 재레드 다이아몬드, 《재레드 다이아몬드의 나와 세계》.

9. 세계불평등연구소, 《세계 불평등 보고서 2022》.

그때 누군가는 죽어가고 있었다

1. www.unhcr.org/refugee-statistics(유엔난민기구 난민 데이터 제공 사이트).

2. "Amnesty warns new EU deal on migration and asylum 'will lead to surge in suffering' – as it happened", 가디언^{Guardian}, 2023년 12월 20일.

3. "Starmer confirms Rwanda deportation plan 'dead'", BBC, 2024년 7월 7일.

4. "Biden, the Border, and Why a New Wall Is Going Up", 뉴욕타임스^{NYT}, 2023년 10월 6일.

5. "한국 사회의 난민 인권 보고서", 난민인권센터^{NANCEN}, 2024년 3월 6일.

6. www.unhcr.org/refugee-statistics.

미국 vs 중국, 지구는 누가 구할까

1. 고대 그리스 역사가 투키디데스^{Thucydides}는 기원전 5세기경 최강국이던 스파르타가 떠오르는 강국 아테네와 지중해 주도권을 두고 갈등하다 '펠로폰네소스 전쟁'이 벌어졌다고 주장했다. 그레이엄 앨리슨^{Graham Allison} 미국 하버드대학교 교수가 저서 《예정된 전쟁》에서 미국과 중국의 대결을 두고 '투키디데스 함정'에 빠졌다고 분석하며 잘 알려지게 됐다.

2. "United States goods trade deficit with China from 2013 to 2023", 스태티스타.

3. 2015년 중국 정부가 발표한 10대 핵심 산업 육성 프로젝트. 정보통신기술, 항공우주, 신에너지, 로봇, 바이오 등 첨단 분야에서 핵심 부품 및 소재의 국산화율을 2025년까지 70%

수준으로 올리겠다는 것이 목표다. 중국 정부는 이를 위해 연구개발R&D 비용 등을 전폭 지원하고 있다.

4. 2023년 3월 10일 중국의 중재로 무스아드 빈 무함마드 알아이반Musaad bin Muhammad al-Aiban 사우디아라비아 국가 안보보좌관과 알리 샴카니Ali Shamkhani 이란 최고국가 안보위원회 위원장이 7년 만에 양국 외교 관계 정상화에 합의했다. 앞서 2016년 양국은 외교 관계를 단절한 바 있다. 사우디 정부가 자국의 반정부 성향 시아파 성직자를 처형하자, 시아파 국가인 이란의 시위대가 자국 주재 사우디 대사관을 공격한 일로 틀어졌기 때문이다.

5. "China's trade with Latin America is bound to keep growing. Here's why that matters", 세계경제포럼, 2021년 6월 17일.

6. "Chinese Actions in South America Pose Risks to U.S. Safety, Senior Military Commanders Tell Congress", 미해군연구소USNI, 2023년 3월 8일.

7. 인플레이션 감축법Inflation Reduction Act, 반도체 칩과 과학법CHIPS and Science Act은 2022년 8월 미국에서 발효된 법안이다. 각각 북미에서 생산하는 전기차에 보조금을 주는 방안, 미국 내 반도체 시설 건립에 보조금을 주는 방안 등이 담겨 있다.

8. 중국 정부는 간첩 행위를 예방·제지·처벌해 국가 안보를 수호하겠다며 기존의 반간첩법을 개정한 '신新 방첩법'을 2023년 7월 1일 시행했다. 간첩 행위의 정의와 법의 적용 범위를 확대한 탓에, 중국 정부의 자의적 해석이 가능한 부분이 많아졌다.

9. 미국 정부는 중국의 신장위구르자치구에 대한 인권 탄압을 비판하며 2021년 '위구르족 강제 노동 방지법Uyghur Forced Labor Prevention Act'을 제정했다. 신장에서 강제 노동을 통해 생산된 것으로 추정되는 제품의 수입을 금지하는 법안이다.

10. 오바마 전 미국 대통령 부부가 설립한 제작사 '하이어 그라운드 프로덕션'이 내놓은 첫 작품이다.

우크라이나 전쟁, 지정학이 돌아왔다

1. 2013년 11월부터 2014년 2월까지 우크라이나에서 일어난 반정부 시위. 당시 EU와의 통합을 위한 자유무역협정 등을 추진하던 빅토르 야누코비치 대통령이 이를 중단하고 러시아로 돌아서자, 유럽에 통합되기를 열망하던 시민들이 분노해 시위를 벌였다. 시위대를 폭력적으로 진압하던 야누코비치는 결국 2014년 2월 탄핵되었다.

2. 셰일은 퇴적암(셰일)층에 매장되어 있는 원유, 천연가스를 말한다. 기술적 제약으로 채굴이 어려웠지만 2000년대 들어 관련 기술이 급성장했다. 미국에서는 2011년 이후 셰일 채

굴이 본격화했다.

3. "러시아, 외국계 기업 철수 현황과 전망", 대외경제정책연구원[KIEP], 2023년 6월 1일.

4. 요격 고도가 40~150km, 최대 사거리가 200km에 이르는 미국 미사일 방어[MD]의 핵심 체계다. 2016년 7월 한국의 사드 배치 결정 이후, 중국은 자국을 겨냥한 것이라고 극렬하게 반대하며 한국에 각종 경제적 보복을 가했다.

5. "Every big business needs its own Chief Political Officer", 파이낸셜타임스[FT], 2023년 6월 3일.

피의 복수를 끝내기 위하여

1. 1987년 팔레스타인인의 반이스라엘 저항 운동인 제1차 인티파다[intifada] 당시 아메드 야신 Ahmed Yassin이 설립한 팔레스타인 무장 정파. 가자지구 무슬림형제단[Muslim Brothers] 지부가 모태로, 이스라엘의 존재 자체를 부정한다. 팔레스타인해방기구[PLO]의 온건 정책에 반대하며 부상했다.

2. 1917년 11월 2일 아서 밸푸어[Arthur Balfour] 영국 외무장관이 당시 영국 내 유대계를 대표하던 은행가 월터 로스차일드[Walter Rothschild](로스차일드 가문)에게 보낸 서신에서 비롯했다. "팔레스타인에 유대 민족을 위한 국가(a national home)를 수립하는 것에 대해 찬성한다"는 내용이 담겨, 열강이 이스라엘 건국을 처음으로 공식 지지한 문서라는 평을 받는다. 그러나 'a national home'이란 모호한 표현, 영국이 아랍인의 독립 국가 건설을 지지한다고 밝힌 '맥마흔 선언'(1915년)과 상반되는 내용으로 중동 갈등의 불씨가 됐다는 비판을 받는다.

3. 팔레스타인해방기구[Palestine Liberation Organization, PLO]는 1964년 팔레스타인 독립을 위해 단일한 정치적 목소리를 내기 위한 기구로 설립됐다. UN 등 국제기구가 팔레스타인을 대표하는 유일하고 합법적인 조직으로 인정하고 있다. PLO는 하마스와 달리 이스라엘의 존재를 인정한다. 현재 PLO의 최대 조직은 서안지구를 이끄는 파타[Fatah]다.

4. 1979년 2월 이란을 철권 통치하던 팔레비 왕조를 무너뜨린 혁명으로 이슬람원리주의를 내세운 종교 지도자 아야톨라 루홀라 호메이니[Ayatollah Ruhollah Khomeini]가 이끄는 이란 이슬람공화국이 탄생했다. 이 혁명으로 이란은 팔레비 왕조를 지원하던 미국과 척을 지게 된다.

5. 제3차 중동전쟁(1967년) 이후 이스라엘이 점령지 곳곳에 건립한 유대인 마을. 2005년 가자지구에서는 철수했지만 이스라엘 정부는 서안지구, 동예루살렘 등에서 정착촌 건설을 멈추지 않고 있다. 이스라엘-팔레스타인 분쟁의 큰 요인이며, 국제사회는 이를 불법으로

간주한다.

'수리남'만 보면 곤란한, 거대한 가능성의 대륙

1. 과거 라틴 민족 국가의 지배를 받았다는 의미에서 중남미를 라틴아메리카Latin America라고 부르기도 한다. 앵글로아메리카인 북미 지역과 문화적으로 구분이 필요할 때 주로 쓴다.

2. 카르텔은 기업들이 경쟁 완화를 위해 서로 협약을 맺는 일을 말한다. '마약 카르텔'은 마약을 생산·유통하는 범죄 조직을 말한다.

3. 1971년 리처드 닉슨Richard Nixon 당시 미국 대통령이 약물 남용을 '공공의 적'이라고 선언하며 시작됐다. 마약류의 생산과 유통, 소비를 억제하기 위한 모든 정책을 말한다. 닉슨은 1973년 마약단속국DEA을 창설했다.

4. 1986년 로널드 레이건Ronald Reagan 정부 시절 외교 스캔들인 '이란-콘트라 사건'이 대표적이다. 미국이 무기 제재 대상이던 이란에 비밀리에 무기를 팔고, 그 대금으로 니카라과의 친미 반군 '콘트라'를 지원한 사건이다. 이때 미국 측이 콘트라의 대규모 마약 밀매 사업을 묵인하고 심지어 관여했다는 사실이 추후 알려져 큰 비난을 받았다.

5. "중남미, 이민자와 마약 문제 악화에 치안 이슈도 계속", 대외경제정책연구원KIEP, 2023년 5월 31일.

6. 위와 동일.

7. "중남미, 경제와 치안 악화로 불법 이민 급증", 대외경제정책연구원, 2023년 10월 27일.

8. 핑크 타이드Pink Tide는 1990년대 이후 온건한 사회주의를 내세운 좌파 정권이 중남미 각국에서 연달아 집권하는 기조를 일컫는다. 보다 새롭고 온건하다는 의미에서 과거 사회주의를 상징하는 빨간색이 아닌 분홍색 물결로 불린다.

9. 남미의 독립 영웅 시몬 볼리바르Simon Bolivar(1783~1830)가 주장한 바다. 그는 남미 대륙 전체의 해방을 꿈꾸며 1819년 현재의 콜롬비아와 베네수엘라, 에콰도르, 파나마 등을 포함한 '그란콜롬비아 공화국'을 세웠는데, 1830년 베네수엘라가 독립하며 이 공화국은 분해됐다.

10. 시몬 볼리바르의 말이다.

11. "JPMorgan Is Right to Be Bullish on Latin America", 블룸버그통신Bloomberg News, 2024년 3월 11일.

아시아의 '강철비'를 피하는 방법

1. 제1차 북핵 위기. 1992년 국제원자력기구IAEA가 북한에 대해 최초의 핵 사찰을 실시한 이후 갈등이 불거지기 시작했다. 1993년 북한은 중단됐던 한·미 연합 군사훈련 재개에 반발하며 핵확산금지조약에서 탈퇴했고, 1994년 북한 측의 '서울 불바다' 발언 등이 알려지며 위기는 더욱 고조됐으나, 같은 해 10월 미국과 북한의 '제네바 합의'로 위기가 봉합됐다.
2. "日 '선제공격은 안 한다'지만…'한반도 유사시' 미사일도 쏜다", 중앙일보, 2022년 12월 16일.
3. "While the World Was Looking Elsewhere, North Korea Became a Bigger Threat", 월스트리트저널WSJ, 2024년 2월 27일.
4. 2024년 3월 기준 대만 수교국은 과테말라, 파라과이, 교황청, 벨리즈, 에스와티니, 아이티, 팔라우, 마셜제도, 세인트키츠 네비스, 세인트루시아, 세인트빈센트 그레나딘, 투발루 등 12개국에 불과하다. 면적이 매우 작거나 경제적으로 어려운 나라가 대부분이다. 다만, 대만과 공식 외교 관계를 맺지 않은 나라 중에서도 '대표부'라는 기관을 두고 실질적 교류를 하는 곳이 많다.
5. "Taiwan braces for drought in key chip hubs again", 닛케이아시아, 2023년 3월 24일.

이제 '밀당'의 달인을 꿈꾸는 이곳

1. 몽골 제국의 재건을 꿈꾼 티무르가 건립해 1370년부터 1507년에 걸쳐 중앙아시아·이란·아프가니스탄 일대를 지배한 이슬람 왕조. 현재 우즈베키스탄 도시인 사마르칸트를 수도로 삼아 번성했다.
2. "러시아의 우크라이나 침공 이후 중앙아시아 이주노동자의 현실과 도전", 다양성+Asia(SNUAC), 20호.
3. "Blinken holds talks with Central Asian leaders amid 'spillover' from Ukraine war", 로이터Reuters, 2023년 2월 28일.
4. "G7 직전 중국-중앙亞 정상회의 개막…시진핑 '미래 공유 공동체'", 연합뉴스, 2023년 5월 19일.
5. "What Happened at the First-Ever Central Asia-US Leaders' Summit?", 더 디플로맷The Diplomat, 2023년 9월 21일.

6. "US can help Uzbekistan build resilience against Russia & China", 더 힐^{The Hill}, 2023년 3월 4일.

7. "Central Asia caught in a geopolitical tug of war", 동아시아포럼^{East Asia Forum}, 2024년 2월 26일.

8. "How Two Years Of War In Ukraine Have Changed Central Asia", 자유유럽방송^{Radio Free Europe/Radio Liberty}, 2024년 2월 23일.

9. "Russia's Backdoor for Battlefield Goods From China: Central Asia", 월스트리트저널, 2024년 3월 4일.

10. "How Two Years Of War In Ukraine Have Changed Central Asia", 자유유럽방송, 2024년 2월 23일.

11. "How Russia drafts migrants to fight in Ukraine", 도이체벨레^{DW}, 2023년 9월 12일.

12. "영화 속에 재현된 중앙아시아 이주노동자의 정체성", 다양성+Asia(SNUAC), 6호.

결국, 인간의 일이다

1. "테일러 스위프트도 딥페이크에 희생…하루 안 돼 7200만 회 봤다", 동아일보, 2024년 1월 28일.

2. "'The machine did it coldly': Israel used AI to identify 37,000 Hamas targets", 가디언, 2024년 4월 3일.

3. SF 소설의 거장 아이작 아시모프^{Isaac Asimov}가 제시한 개념. '로봇은 인간에게 해를 입혀서는 안 된다', '제1원칙에 위배되지 않는 한, 로봇은 인간의 명령에 복종해야 한다', '제1원칙과 제2원칙에 위배되지 않는 한, 로봇은 로봇 자신을 지켜야 한다'는 원칙이다. 영화 〈아이, 로봇〉은 아시모프의 동명 소설에서 몇몇 설정을 가져왔지만, 내용은 소설과 직접적인 연관이 없다.

4. 미국소비자기술협회^{Consumer Technology Association, CTA}가 주관해 매년 1월 미국 라스베이거스에서 열리는 세계 최대 가전·정보기술 전시회. 1967년 뉴욕에서 처음 개최됐다.

5. "'공기처럼 녹아든 AI, 기업들 합종연횡 분주'…세계 최대 테크쇼 현장", 중앙일보, 2024년 1월 10일.

6. "AI 시대 본격화에 대비한 산업인력양성 과제", 산업연구원^{KIET}, 2024년 3월 13일.

7. "인구 14억 명 다 알아보는 중국 '안면 인식 빅브러더'…정말 없앨까?", 한국일보, 2023년 10월 23일.

8. 딥마인드에서 개발한 인공지능 바둑 프로그램. 딥마인드는 현재 알파벳(구글 모기업)의 자회사다.
9. "EU, 세계 최초 'AI 규제법' 합의…안면 인식 등 엄격 통제키로", 연합뉴스, 2023년 12월 9일.
10. "Executive Order on the Safe, Secure, and Trustworthy Development and Use of Artificial Intelligence", 백악관, 2023년 10월 30일.
11. 박영숙·제롬 글렌Jerome Glenn,《세계미래보고서 2024-2034》.

이 나라의 필살기

1. 영유권은 한 국가가 영토나 해양 등에 가지고 있는 주권 혹은 관할권을 말한다. 중국은 남중국해에서 베트남, 필리핀 등과 영유권 분쟁 중이다.
2. "다들 中에 입도 뻥끗 못 하는데…큰소리 치는 호주 '비밀병기'", 중앙일보, 2020년 7월 25일.
3. "Reserves of iron ore worldwide in 2023, by country", 스태티스타.
4. 1950년대 초 중국에 합병된 티베트에서는 독립하려는 저항 운동이 계속되고 있다.
5. 이언 윌리엄스Ian Williams,《용의 불길, 신냉전이 온다》, 323쪽.
6. "China, Australia agree to turn the page as tensions ease", 로이터, 2023년 11월 7일.
7. "Deny, Deflect, Deter: Countering China's Economic Coercion", CSIS, 2023년 3월 21일.
8. "The AUKUS Submarine Deal Highlights a Tectonic Shift in the U.S.-Australia Alliance", 카네기 국제평화재단Carnegie Endowment for International Peace, 2023년 3월 27일.

해가 떠오르는 그 장면이 너무도 찬란해서

1. 한국의 산아 제한 정책은 1996년 폐지됐다.
2. 1960년대 한국 정부의 산아 제한 캐치프레이즈 중 하나.
3. "Egypt population reaches 105m", 아랍 뉴스Arab News, 2023년 6월 3일.
4. "The Alternative, Optimistic Story of Population Decline", 뉴욕타임스, 2023년 1월

30일.

5. 이 영화의 촬영감독 엠마누엘 루베즈키Emmanuel Lubezki는 이후 〈그래비티〉, 〈버드맨〉, 〈레버 넌트: 죽음에서 돌아온 자〉 등으로 아카데미 시상식에서 세 번이나 촬영상을 받았다.

6. "합계 출산율 1.8명 강국을 만든 프랑스의 가족 수당 정책", 대통령직속 저출산고령사회위 원회, 2022년 8월 9일.

영화로운 세계

어쩌면 당신의 이야기일지도 모른다

2024년 7월 2일 초판 1쇄 발행
2024년 8월 8일 초판 2쇄 발행

지은이   임주리
펴낸이   김은경
편집   권정희, 장보연
마케팅   박선영, 김하나
디자인   황주미
경영지원 이연정

펴낸곳   (주)북스톤
주소   서울시 성동구 성수이로7길 30, 2층
대표전화 02-6463-7000
팩스   02-6499-1706
이메일   info@book-stone.co.kr
출판등록 2015년 1월 2일 제2018-000078호

ISBN   979-11-93063-55-2(03300)

북스톤은 세상에 오래 남는 책을 만들고자 합니다. 이에 동참을 원하는 독자 여러분의 아이디어와 원고를 기다리고 있습니다. 책으로 엮기를 원하는 기획이나 원고가 있으신 분은 연락처와 함께 이 메일 info@book-stone.co.kr로 보내주세요. 돌에 새기듯, 오래 남는 지혜를 전하는 데 힘쓰겠습니다.